프란치스코 교황 어록

프란치스코 교황 어록

김근수 편역

동연

가난한 이들의 벗
프란치스코 교황님 영전에
바칩니다

프롤로그

"그분은 살아 계시며
항상 우리와 함께 계십니다"

하느님 오른편에 예수, 예수 오른편에 프란치스코 교황 그리고 그 오른편에 가난한 사람들…

하느님께서 로메로 대주교와 함께 엘살바도르를 다녀가셨다고 내 스승 소브리노 신부는 말했다. 하느님께서 프란치스코 교황과 함께 지구별을 다녀가셨다고 나는 말하고 싶다. 예수가 부활하여 하느님 오른편에 앉았다면 프란치스코 교황은 부활하여 예수 오른편에 앉을 것이다. 프란치스코 교황 오른편에는 가난한 사람들이 마땅히 앉을 것이다.

프란치스코 교황은 어린왕자가 되어 하늘의 별이 되었다. 그 옛날 동방박사들은 별을 보고 걸으며 아기 예수 찾았다면, 오늘 우리는 프란치스코 교황을 보고 걸으며 예수 찾아 나선다.

2025년 4월 20일 부활절 주일미사에서 프란치스코 교황은 지상에서 마지막 설교를 남겼다. 그 일부를 소개한다.

"그리스도께서 부활하셨습니다. 그분은 살아 계십니다! 더 이상 죽음의 포로가 아니시며, 수의에 감싸여 계시지도 않습니다. 우리는 그분을 옛이야기 속의 인물로, 고대의 영웅으로, 박물관 속 조각상으로 가두어 둘 수 없습니다.

오히려 우리는 그분을 찾아야 합니다. 우리는 가만히 머물러 있을 수 없습니다. 행동해야 합니다. 일어나서 그분을 찾아야 합니다. 삶 속에서, 우리 이웃의 얼굴 속에서, 일상적인 일 속에서, 무덤이 아닌 모든 곳에서 그분을 찾아야 합니다.

그분은 살아 계시며 항상 우리와 함께 계십니다. 고통받는 이들의 눈물을 통해 함께하시고, 우리 각자가 행하는 작은 사랑의 실천을 통해 삶을 아름답게 하십니다. 이러한 이유로, 부활 신앙은 안락한 '종교적 위안'에 머무르지 않습니다. 오히려 부활은 우리를 행동하게 합니다."

하느님의 희망은 인간

교황님 말씀처럼, 하느님의 희망은 인간이다. 인간이 하느님을 찾기 전에 하느님이 먼저 인간을 찾으셨다. 하느님은 언제나 인간을 그리워한다. 하느님이 창조하신 피조물 가운데 인간이 가장 아름답고 존귀하다. 피조물 가운데 인간이 하느님에 가장 가까운 존재다. 우주 역사에서 하느님이 사라질지라도, 인간은 사라지지 않는다. 하느님 심정이 그렇다.

하느님 없는 인간은 공허하고, 인간 없는 하느님은 맹목적이다. 하느님 곁에서 인간은 비로소 안식을 찾지만, 인간 곁에서 하느님은 비로소 평화를 찾는다. 인간은 하느님을 찾는데 게으르지만, 하느님은 인간을 찾는데 게으르지 않다.

교황 방한 전 직접 전달한 세월호 소식

2014년 6월 하순, 필자는 「경향신문」 통신원 자격으로 로마를 방문했다. 두 달 후 교황의 방한을 준비하는 교황청 움직임을 취재하는 목적도 있었지만 그보다 세월호 소식을 교황께 전달하는 임무가 내게 더 중요하고 시급했다. 신학생 시절의 교황에게 문학과 그리스어를 가르쳤던, 교황님의 스승 스칸노네 신부를 기적적으로 만나 두 시간 가까이 이야기했다. 스칸노네 신부는 신학생 시절부터 교황 선출까지 교황의 60년 역사를 자세히 보았고 그만큼 교황을 잘 아는 분이었다.

하느님의 도움으로, 내가 가지고 간 세월호 관련 자료들이 교황께 무사히 전해졌다. 8월 18일 아침 8시 주한 교황대사관에서 교황님을 알현한 나는 방한 직전 출간된 내 책 『교황과 나』를 헌정했다. 로마에서 스칸노네 신부를 만난 이야기, 내 스승 소브리노 신부와 인연을 나는 교황님께 말씀드렸다. 교황님과 나는 스페인어로 통역 없이 단둘이 대화했다. 교황님은 내게 세 마디 말씀을 하셨다.

"네가 전해준 자료를 잘 읽었다. 책을 계속 쓰라. 너를 위해 기도한다."

나는 교황님과 연결된 책 두 권을 썼다. 교황 선출까지 역사를 다룬 『교황과 나』는 2014년에 나왔다. 그리고 교황 재임 12년간 설교 약 600편에서 명언을 발췌하여 번역한 이 책,『프란치스코 교황 어록』이다. 교황께서 해외 방문 마치고 로마로 돌아가는 기내에서 했던 기자회견에도 주목할 내용이 풍부하다. 교황 말씀을 개신교 성도와 일반 독자들에게도 기쁘게 소개하게 되었다.

한반도 평화를 진심으로 바랐던 프란치스코 교황

내 생각에, 프란치스코 교황은 전생에 한국인이었을 것이다. 교황은 세계 유일의 분단국가 한반도의 평화를 진심으로 바랐다.

"북한의 우리 형제자매들을 위하여 기도하십시오. 그들은 같은 언어를 말합니다. 가족 간에 같은 언어를 쓸 때에는 인간적으로도 희망이 있는 것입니다."

예수는 아시아 대륙에서 아직 알려지지 않은 인물이다. 아시아 인구의 겨우 1%만 예수 믿는 사람들이다. 교황은 평양도 방문하고 싶었고, 중국도 방문하고 싶었다. 서울에서 로마로 향하는 비행기가 중국 상공을 지날 때, 교황은 그 생각을 떠올렸을 것이다. 한국 개신교와 가톨릭이 아시아에서 복음 전파에 해야 할 몫이 분명히 있다.

2005년 4월 교황 선거에서 베네딕토 16세가 선출되었고, 베르골리오 추기경이 2위 득표를 했다. 베네딕토 16세가 자진 사임하며 열린 2013년 3월 교황 선거에서 나는 페이스북에 이렇게 썼다. "남미 출신의 진보 교황이 탄생하기를…." 프란치스코 교황이 탄생했다. (프란치스코 교황이 선종한 지금, 나는 또 이런 소망이 있다. "곧 있을 콘클라베에서 아시아 출신의 진보 교황이 탄생하기를….")

가난한 사람들 없는 복음은 없다

"고요한 아침의 나라 한국에 오게 되어 매우 기쁩니다. 이 나라의 아름다운 자연을 보게 되어, 또 무엇보다 한국 국민들과 그 풍요로운 역사와 문화의 아름다움을 만나게 되어서 기쁩니다. 이 민족의 유산은 오랜 세월 폭력과 박해와 전쟁의 시련을 거쳤습니다."

2014년 8월 14일 대한민국 서울에 도착한 프란치스코 교황이 한국인에게 공식적으로 남긴 첫 말씀이다. 첫 말씀은 첫사랑처럼 언제나 우리 가슴을 설레게 한다. 역사와 문화의 아름다움, 폭력과 박해와 전쟁의 시련이 한반도 전체를 빛과 어둠처럼 교차하고 있다.

"가난한 사람들이 복음의 중심에 있다고 말씀드렸습니다. 또한 복음의 시작과 끝에도 가난한 사람들이 있습니다."

복음의 시작과 중심과 끝에 가난한 사람들이 있다. 몸 없는 마음 없듯이, 가난한 사람들 없는 복음은 없다. 가난한 사람들을 잊는다면, 복음도 없고, 그리스도교도 없다.

가난한 사람들을 잊지 마세요

예수는 가난한 사람들이 왜 행복하다고 선포했을까. 부자는 자신을 믿고 살지만, 가난한 사람들은 하느님을 의지하고 살기 때문이다. 부자는 하느님이 필요 없지만, 가난한 사람들은 하느님이 필요하기 때문이다. 부자는 하느님과 멀리 있지만, 가난한 사람들은 하느님과 가까이 있기 때문이다. 예수가 인류에게 하느님을 선물했다면, 가난한 사람들은 인류에게 하느님을 알려준다.

가난한 사람들은 그리스도교와 인류에 축복이요 보물이다. 돈이 중요한 것이 아니라 하느님이 중요하다는 진리를 가난한 사람들은 알려주고 있다. 프란치스코 교황 말씀처럼 "우리는 가난과 싸워야지 가난한 사람들과 싸우면 안 된다", "가난 문제는 경제 문제가 아니라 신학 문제다." 그 사회가 가난한 사람들을 대하는 태도에서, 그 사회의 속살이 드러난다. 가난한 사람들의 가치를 모르면, 하느님을 알 수 없다.

인간의 고통 앞에 중립은 없습니다

무엇보다도 먼저, 세월호 유가족에 대한 배려와 관심으로 프란치스코 교황은 한국인의 마음을 울렸다.

세월호 리본을 달고 있었는데, 누군가 다가와서 "세월호 리본을 떼시는 것이 좋겠습니다. 교황님은 중립을 지켜야 하십니다"라고 말했어요. "그러나, 인간의 고통 앞에 중립은 없습니다!"

인간의 모든 언어가 다 사라지고, 성서 말씀이 모두

사라진다 해도, 나는 교황의 그 말씀만은 기억하고 싶다. "고통 앞에 중립 없다." 그래서 교황은 "참으로 정의롭고 인간다운 사회를 이룩하는 데 그리스도인들이 과연 얼마나 질적으로 기여했는가 점검해보라"는 말씀을 한국인에게 남겼다.

1973년 37세 젊은 나이에 아르헨티나 예수회 관구장이 된 베르골리오 신부는 3년 뒤 끔찍한 군사 쿠데타를 만났다. 비델라 장군이 지휘하는 군사 정권 치하에서 약 3만 명이 수거되어 목숨을 잃었다. 2024년 12월 3일 윤석열의 비상계엄 쿠데타 소식을 들은 프란치스코 교황의 심정은 끔찍했을 것이다. 2025년 3월 중순, 헌법재판소의 시급한 판결을 촉구하는 유흥식 추기경의 담화문을 교황이 몰랐을 리 없다. 이에 대해 "고통 앞에 중립 없다"고 교황은 말했고, 유흥식 추기경은 "정의 앞에 중립 없다"고 말한 것이다.

항상 우리 곁에 살아 계실 교황

"자매 형제 여러분, 부활 믿음의 신비 안에서 평화와 해방에 대한 모든 기대를 마음에 품고 우리는 고백할 수 있습니다. '주님과 함께라면 모든 것이 새로워집니다.' 주님과 함께라면 모든 것이 다시 시작됩니다."

프란치스코 교황은 살아 있고 항상 우리와 함께 있다. 교황은 내 삶에, 가난한 사람들의 삶에 영원히 살아 있다. 교황이 또 다른 예수라면, 우리는 또 다른 교황이다.

2025. 4. 22.
김근수 <갈릴래아 편지>

차 례

프롤로그 _ 6

프란치스코 교황,
지상에서 마지막 강론 _ 18

2013	25
2014	49
대한민국 방문	73
2015	89
2016	113
2017	141
2018	161

2019	**185**
2020	**215**
2021	**227**
2022	**243**
2023	**275**
2024	**311**
2025	**335**

에필로그 _ 343

프란치스코 교황,
지상에서 마지막 강론

　마리아 막달레나는 무덤의 돌이 치워진 것을 보고, 베드로와 요한에게 달려가 알렸습니다. 깜짝 놀란 두 제자도 길을 나서는데, 복음서에 따르면 "두 사람이 함께 달렸다"(요한 20,4)고 기록되어 있습니다. 부활의 이야기에서 등장하는 주요 인물들은 모두 달리고 있습니다!

　한편으로는, 그들이 달린 이유가 주님의 시신이 사라졌다는 걱정에서 비롯된 것일 수도 있겠지만, 다른 한편으로는 마리아 막달레나, 베드로, 요한의 서두름은 마음의 갈망, 곧 예수님을 찾고자 하는 내면의 태도를 드러냅니다.

　주님께서는 죽은 이들 가운데서 부활하셨고, 더 이

상 무덤에 계시지 않기 때문에 우리는 그분을 다른 곳에서 찾아야 합니다.

이것이 부활의 메시지입니다:

우리는 그분을 다른 곳에서 찾아야 합니다.
그리스도께서 부활하셨습니다.
그분은 살아 계십니다! 더 이상 죽음의 포로가 아니시며, 수의에 감싸여 계시지도 않습니다.
그러므로 우리는 그분을 단지 옛 이야기 속의 인물로, 고대의 영웅으로, 박물관 속 조각상으로 가두어 둘 수 없습니다.

오히려 우리는 그분을 찾아야 합니다.
그렇기에 우리는 가만히 머물러 있을 수 없습니다.
행동해야 합니다. 일어나서 그분을 찾아야 합니다.
삶 속에서, 우리 이웃의 얼굴 속에서, 일상적인 일 속에서, 무덤이 아닌 모든 곳에서 그분을 찾아야 합니다.

우리는 쉬지 않고 그분을 찾아야 합니다.
왜냐하면 그분께서 부활하셨기에, 이제 어디에나 현존하시며, 우리 가운데 거하시고,

프란치스코 교황, 지상에서 마지막 강론

우리가 만나는 형제자매들과의 길 위에서,
일상의 평범하고도 뜻밖의 순간들 속에서
당신 자신을 감추시기도 하고 드러내시기도 하시기 때문입니다.

그분은 살아 계시며 항상 우리와 함께 계십니다.
고통받는 이들의 눈물을 통해 함께하시고,
우리 각자가 행하는 작은 사랑의 실천을 통해 삶을 아름답게 하십니다.

이러한 이유로, 부활 신앙은 안락한 "종교적 위안"에 머무르지 않습니다. 오히려 부활은 우리를 행동하게 합니다. 막달레나와 제자들처럼 달려가도록 우리를 재촉합니다. "그 너머를 볼 수 있는" 눈을 가지도록 우리를 초대합니다.

살아 계신 예수님,
오늘도 우리에게 말씀하시고,
우리보다 앞서 가시며,
우리를 놀라게 하시는
하느님을 바라보도록 말입니다.

마리아 막달레나처럼 우리는 매일 주님을 잃는 듯한 경험을 할 수도 있지만, 매일 다시 그분을 찾아 달려갈 수도 있습니다.

그분께서는 반드시 당신을 찾는 이들에게 당신을 발견하게 해주실 것이며, 당신 부활의 빛으로 우리를 가득 채워 주실 것입니다.

형제자매 여러분,
이것이 우리 삶의 가장 큰 희망입니다.
우리는 이 가난하고, 연약하고, 상처 입은 삶을
그리스도께 의지하여 살아갈 수 있습니다.

그분께서 죽음을 이기셨고,
우리의 어둠을 이기시며,
세상의 그늘까지도 이기셔서
기쁨 가운데 당신과 함께
영원히 살게 하시기 때문입니다.

이것이 사도 바오로가 말한 우리의 목표입니다.
"뒤의 것은 잊어버리고 앞의 것을 향하여 달려"(필립

3,13-14) 나아가는 것이지요.

마리아 막달레나, 베드로, 요한처럼
우리도 부활하신 그리스도를 향해 달려갑시다.

희년은 우리 안에 희망의 선물을 새롭게 하라고 초대합니다. 우리의 고통과 근심을 희망 안에 맡기고, 길에서 만나는 이들과 희망을 나누며, 우리 삶의 미래와 인류 가족의 운명을 희망 안에 맡기라고 말입니다. 그러므로 우리는 이 세상의 덧없는 것들에 만족해서는 안 되고, 슬픔에 굴복해서도 안 됩니다. 우리는 기쁨으로 달려야 합니다. 예수님을 향해 달려갑시다. 그분의 친구가 되는, 그 무엇과도 바꿀 수 없는 은총을 다시 발견합시다. 그분의 생명과 진리의 말씀이 우리 삶을 비추게 합시다.

위대한 신학자 앙리 드 뤼박이 말했듯이,

"그리스도교를 이해하기 위해서는
이것 하나만으로 충분하다.
그리스도교는 곧 그리스도다.
아니, 진정으로 이것 말고는 아무것도 없다. 그리스도

안에서 우리는 모든 것을 가진다."

(앙리 드 뤼박, 「오늘날 세상에서 가톨릭의 교리적 책임」, 2010, 276쪽)

그리고 부활하신 그리스도이신 이 '모든 것'이 우리 삶을 희망으로 열어줍니다. 그분은 살아 계시며, 오늘도 우리의 삶을 새롭게 하기를 원하십니다.

죄와 죽음을 이기신 주님께 우리는 이렇게 기도합니다:

"주님, 이 축일에 저희도 새로워질 수 있는 은총을 청합니다. 이 영원한 새로움의 체험에 이르게 해주십시오. 습관의 슬픈 먼지와 피로, 무관심에서 저희를 정화하시고, 매일 아침, 놀라움으로 눈뜨게 하소서. 이 아침만의 새로운 빛깔을 볼 수 있도록 말입니다. 모든 것이 새롭습니다, 주님. 아무것도 예전과 같지 않으며, 아무것도 낡은 것이 없습니다."

(아드리아나 차리, 「마치 기도처럼」)

자매 형제 여러분, 부활 신앙의 경이로움 안에서,
평화와 해방에 대한 모든 기대를 마음에 품고,
우리는 고백할 수 있습니다:

"주님과 함께라면, 모든 것이 새로워집니다. 주님과 함께라면, 모든 것이 다시 시작됩니다."

2025. 4. 20. 부활주일 낮 미사
프란치스코 교황님의 강론
(안젤로 코마스트리 추기경 대독)

2013

🌿

십자가 없이 걷고 십자가 없이 건축하고 십자가 없이 그리스도를 고백한다면 우리는 주님의 제자가 아니며, 세속적인 주교·사제·추기경·교황일 뿐 주님의 제자는 아닙니다.

2013. 3. 14. 바티칸

🌿

주님은 용서하는 데 지치지 않으십니다. 그분께 용서를 구하는 데 지치는 것은 바로 우리입니다! 그러니 용서를 구하는 데 지치지 않는 은혜를 구합시다.

주님은 용서하는 데 지치지 않으시기 때문입니다.

2013. 3. 17. 바티칸

🌿

역사의 모든 시대에는 불행히도 죽음을 음모하고 인간의 얼굴을 파괴하고 훼손하는 폭군이 존재합니다.

2013. 3. 19. 바티칸

🌿

진정한 권력은 봉사이며, 교황도 자신의 권력을 행사하기 위해 십자가에서 빛나는 정점을 이루는 봉사 안으로 점점 더 많이 참여해야 한다는 사실을 잊지 않습니다.

2013. 3. 19. 바티칸

🌿

예수님은 특히 겸손하고 소박하며 가난하고 잊혀

진 사람들, 세상의 눈에 중요하지 않은 사람들의 마음에 많은 희망을 일깨워 주셨습니다.

2013. 3. 24. 바티칸

그리스도와 함께 있으면, 마음은 늙지 않습니다.

2013. 3. 24. 바티칸

십자가를 부끄러워하지 마세요.

2013. 3. 24. 바티칸

진정한 기쁨은 자기를 내어주는 것, 즉 자기 자신을 내려놓는 데 있습니다.

2013. 3. 24. 바티칸

양 냄새 나는 목자 되세요.

2013. 3. 28. 바티칸

발 씻기는 행동은 "나는 당신을 섬깁니다"라는 뜻입니다.

2013. 3. 28. 바티칸

하느님께서 우리 삶에 하신 일을 기억합시다.

2013. 3. 30. 바티칸

우리는 하느님께 숫자가 아니라 중요한 존재이며, 비록 우리가 죄인일지라도 그분께 가장 중요한 존재입니다.

2013. 4. 7. 바티칸

🌿

일상의 성인, 숨은 성인이 있습니다.

2013. 4. 14. 바티칸

🌿

신자와 사목자의 말과 행동, 말씀과 삶의 모순이 교회의 신뢰를 떨어뜨립니다.

2013. 4. 14. 바티칸

🌿

예배는 우리 우상, 가장 은밀한 우상까지도 버리고 주님을 우리 삶의 중심이자 안내자로 선택한다는 것을 의미합니다.

2013. 4. 14. 바티칸

🌿

믿음의 선물인 하느님 말씀을 가르쳐 주신 어머니, 할머니, 교리 선생님을 기억하세요.

2013. 4. 21. 바티칸

🌿

자비를 베푸는 일에 지치지 마세요.

2013. 4. 21. 바티칸

🌿

사제여, 공무원 말고 목자 되세요.

2013. 4. 21. 바티칸

🌿

하느님은 모든 것을 새롭게 만드시고, 성령은 우리를 진정으로 변화시키며, 우리를 통해 우리가 살고 있는 세상도 변화시키기 원하십니다.

2013. 4. 28. 바티칸

🌿

교회를 사랑하십시오.

2013. 5. 5. 바티칸

🌿

지금 이 순간에도 세계 곳곳에서 여전히 폭력으로 고통 받고 있는 많은 그리스도인들을 도와주시고, 그들에게 신실한 용기를 주시고, 악에 선으로 대응할 수 있게 해주시기를 간구합니다.

2013. 5. 12. 바티칸

🌿

하느님의 놀라움에 열려 있나요? 성령의 새로움에 대해 두려움에 사로잡혀 스스로 닫고 있지 않나요?

2013. 5. 19. 바티칸

🌿

"나를 사랑하나요?"; "당신은 내 친구인가요?" 이

질문은 저와 우리 모두에게 하느님께서 던지는 질문입니다.

2013. 5. 23. 바티칸

모든 교만을 내려 놓읍시다.

2013. 5. 23. 바티칸

중심이 아니라 주변부에서 현실을 보아야 현실이 더 잘 이해됩니다.

2013. 5. 26. 바티칸

아버지는 세상을 창조하시고, 예수님은 우리를 구원하시고, 성령은 우리를 사랑하십니다.

2013. 5. 26. 바티칸

🌿

하느님을 따른다는 것은 우리 자신에서 벗어나 우리 삶을 우리 소유물로 여기지 않고 하느님과 다른 사람들에게 선물로 드리는 것을 의미합니다.

2013. 5. 30. 바티칸

🌿

성체성사는 개인주의에서 벗어나 주님을 따르고 믿음을 함께 실천할 수 있게 해주는 친교의 성사입니다.

2013. 5. 30. 바티칸

🌿

성경은 우리에게 살아계신 하느님, 곧 생명이시며 생명의 근원이신 하느님을 우리에게 드러냅니다.

2013. 6. 16. 바티칸

그리스도인은 일상 생활에서 하느님을 따라 생각하고 행동하는 사람, 성령으로 자신의 삶이 활기를 띠고 영양을 공급받아 하느님의 참 자녀로서 충만한 삶이 되도록 노력하는 사람입니다.

2013. 6. 16. 바티칸

사랑에는 예, 이기심에는 아니오, 생명에는 예, 죽음에는 아니오, 우리 시대의 많은 우상들로부터 자유에는 예, 노예화에는 아니오 말합시다.

2013. 6. 16. 바티칸

바울은 활동하면서 고통과 연약함, 패배를 경험했지만 기쁨과 위로를 얻기도 했습니다.

2013. 7. 7. 바티칸

🌿

교회는 우리 것이 아니라 하느님 것인데, 우리들은 얼마나 자주 교회가 우리 것이라고 생각하고 있습니까! 하느님과 지속적인 관계가 없으면, 선교는 사업이 되고 맙니다.

2013. 7. 7. 바티칸

🌿

오늘 밤 라마단 금식을 시작하는 사랑하는 무슬림 이민자들을 생각하며 그들에게 풍성한 영적 열매가 있기를 기원합니다. 교회는 더 품위 있는 삶을 추구하는 무슬림 여러분 곁에 있습니다.

2013. 7. 8. 이탈리아

🌿

세계화 시대에 우리는 무관심의 세계화에 빠졌습니다. 우리는 타인의 고통에 익숙해져서 나와 상관없고, 관심도 없고, 나와 상관 없는 일이라고 생각하고 있습니다.

2013. 7. 8. 이탈리아

🌿

"아담아, 너 어디 있느냐?", "네 형제는 어디 있느냐?" 인류 역사가 시작될 때 하느님께서 물으신 두 질문이며, 우리를 포함한 우리 시대의 모든 사람들에게 하신 질문입니다. 하지만 저는 세 번째 질문을 추가하고 싶습니다. "우리 중 누가 이런 사건으로 인해 울어본 적이 있습니까?"

2013. 7. 8. 이탈리아

🌿

우리는 우는 경험, '측은지심'을 잊어버린 사회입니다. 무관심의 세계화가 우리에게서 우는 능력을 빼앗아갔습니다.

2013. 7. 8. 이탈리아

우리 역사에 악이 있지만, 악이 가장 강한 존재는 아닙니다. 가장 강한 것은 하느님이시며, 하느님은 우리 희망입니다.

2013. 7. 24. 브라질

그리스도인은 비관주의자가 아닙니다.

2013. 7. 24. 브라질

예수님은 "당신 혼자 가시오" 말씀하지 않고, "여러분 함께 가십시오" 말씀하셨습니다. 우리는 함께 파견되었습니다.

2013. 7. 28. 브라질

자신이 다른 사람보다 더 귀한 사람이라고 생각할

위험이 있습니다.

2013. 7. 28. 브라질

🌿

여성 없는 교회는 이해할 수 없습니다.

2013. 7. 28. 브라질

🌿

우리는 교회에서 여성신학을 아직 깊이 있게 발전시키지 못했습니다.

2013. 7. 28. 브라질

🌿

여성은 교회에서 주교와 사제보다 더 중요한 존재입니다.

2013. 7. 28. 브라질

🌿

이러한 시대 변화와 더불어 일부 사제들의 잘못된 증언, 교회 부패, 성직주의 등 교회의 많은 문제들로 인해 많은 사람들이 상처를 입었습니다.

2013. 7. 28. 브라질

🌿

만일 어떤 성소수자가 주님을 찾고 선한 의지를 가지고 있다면, 내가 대체 누구이길래 판단한다는 말입니까?

2013. 7. 28. 브라질

🌿

내가 예수님을 찾고 섬기는 것은 그분이 먼저 나를 찾았고, 내가 그분께 사로잡혔기 때문입니다.

2013. 7. 31. 이탈리아

🌿

그리스도인이 된다는 것은 그리스도께서 실제로 죽음에서 부활하셨음을 믿는다는 것을 의미합니다.

2013. 8. 15. 바티칸

🌿

십자가 있는 곳에 우리 그리스도인에게도 희망이 있습니다. 희망이 없다면 우리는 그리스도인이 아닙니다.

2013. 8. 15. 바티칸

🌿

인간이 자신과 자신의 이익만 생각하고 자신을 중심에 놓는다면, 지배와 권력의 우상에 매혹되어 자신을 하느님의 자리에 놓는다면, 모든 관계를 파괴하고 모든 것을 망치고 폭력과 무관심과 갈등의 문을 열게 됩니다.

2013. 9. 7. 바티칸

🌿

폭력과 전쟁은 결코 평화로 가는 길이 아닙니다!

2013. 9. 7. 바티칸

🌿

물건·돈·세속적인 것이 우리 삶의 중심이 되면 그것이 우리를 지배하게 되고, 우리는 인간의 정체성을 잃게 됩니다.

2013. 9. 29. 바티칸

🌿

성 프란치스코 일생에서 가난한 사람들에 대한 사랑과 가난한 그리스도를 본받음은 동전의 양면처럼 분리할 수 없는 두 요소입니다.

2013. 10. 4. 이탈리아

🌿

십자가에 못 박히신 예수님을 바라볼 수 있는 사람

은 말 그대로 '새로운 피조물'로 창조됩니다.

2013. 10. 4. 이탈리아

🌿

지구를 피로 적시는 무력 분쟁이 멈추고, 무기가 잠잠해지며, 모든 곳에서 증오가 사랑으로, 미움이 용서로, 불화가 화합으로 바뀌기를! 폭탄·테러·전쟁으로 인해 울고, 고통 받고, 죽어가는 사람들의 외침을 듣게 하소서.

2013. 10. 4. 이탈리아

🌿

하느님은 우리를 놀라게 하십니다. 가난과 연약함, 비천함 속에서 자신을 드러내시고 우리에게 사랑을 베푸시며 우리를 구원하고 치유하며 힘을 주십니다. 그분은 우리가 그분의 말씀을 따르고 그분을 신뢰하기를 바라실 뿐입니다.

2013. 10. 13. 바티칸

🌿

나는 가끔 그리스도인인인가요, 아니면 항상 그리스도인인인가요?

2013. 10. 13. 바티칸

🌿

감사하다는 말은 너무 쉬우면서도 너무 어렵습니다! 가족끼리 서로에게 얼마나 자주 감사하다는 말을 하나요?

2013. 10. 13. 바티칸

🌿

'부탁해요', '미안해요', '고마워요.' 가족 간에 이 세 마디를 하면 가족은 성장합니다.

2013. 10. 13. 바티칸

🌿

가족 안에서 믿음을 어떻게 지켜야 할까요? 우리는

가족 안에서, 개인 재산처럼, 은행 계좌처럼 혼자만 믿음을 간직하고 있습니까, 아니면 다른 사람에게 개방성을 가지고 증거를 통해, 수용성을 통해, 공유할 수 있는 방법을 알고 있습니까?

2013. 10. 27. 바티칸

❧

희망은 누룩처럼 작지만, 영혼을 크게 성장시킵니다.

2013. 11. 1. 바티칸

❧

하느님은 사람을 찾으시는 분입니다.

2013. 11. 23. 바티칸

❧

하느님은 우리를 만나기 위해 서두르지만, 우리를 떠나기 위해 서두르지는 않으십니다.

2013. 11. 23. 바티칸

그리스도는 중심에 계시고 그리스도가 중심입니다. 그리스도는 창조의 중심, 인류의 중심, 역사의 중심입니다.

2013. 11. 24. 바티칸

제발 발코니에서 인생을 바라보지는 마세요!

2013. 11. 30. 바티칸

사람에게 일어날 수 있는 가장 중요한 일은 예수님을 만나는 것입니다.

2013. 12. 1. 바티칸

선행을 할 때, 병자를 방문할 때, 가난한 사람을 도울 때, 다른 사람을 생각할 때, 이기적이지 않을 때,

친절할 때, 우리는 항상 예수님을 만나게 됩니다.

2013. 12. 1. 바티칸

🌿

예수님은 사람이 되신 사랑입니다.

2013. 12. 24. 바티칸

🌿

주님이 주신 이 시간을 우리는 어떻게 살았습니까? 주로 우리 자신을 위해, 우리 자신의 이익을 위해 사용했습니까, 아니면 다른 사람에게도 시간을 주었습니까?

2013. 12. 31. 바티칸

🌿

로마는 관광객이 넘치지만 난민 가득한 도시이기도 합니다.

2013. 12. 31. 바티칸

2014

하느님을 찾기 위해 하느님을 찾아야 하고, 하느님을 영원히 다시 찾기 위해 하느님을 찾아야 합니다.

2014. 1. 3. 바티칸

진정한 믿음에는 항상 세상을 변화시키려는 깊은 열망이 담겨 있습니다.

2014. 1. 3. 바티칸

🌿

자녀에게 남길 가장 아름다운 유산은 믿음입니다!

2014. 1. 12. 바티칸

🌿

예수님은 결코 우리를 실망시키지 않으십니다. 절대로.

2014. 1. 19. 바티칸

🌿

항상 내 마음에 무슨 일이 일어나고 있는지 알 수 있도록, 그래서 항상 올바른 결정, 선을 위한 결정을 내릴 수 있도록 은총을 구하세요.

2014. 2. 16. 바티칸

🌿

예수님은 철학이나 이념을 가르치러 오신 것이 아니라 당신과 함께 가야 할 길을 가르치러 오셨습니다.

2014. 2. 22. 바티칸

🌿

우리는 모든 차별에 맞서 싸워야 합니다.

2014. 2. 22. 바티칸

🌿

성령 없이 우리 노력은 헛될 것입니다!

2014. 2. 23. 바티칸

🌿

거룩함은 사치가 아니라, 세상 구원을 위해 꼭 필요합니다.

2014. 2. 23. 바티칸

회개는 공허한 규칙에 머무는 것이 아니라 인간의 중심인 양심에서 시작하여 존재 전체를 포괄하여 변화시킵니다.

2014. 3. 5. 바티칸

사순절은 우리가 신이 아닌 피조물이라는 사실을 기억하도록 우리 자신을 흔들어 깨우칩니다.

2014. 3. 5. 바티칸

형제자매들의 어려움과 고통이 가까이 느껴질 때만 부활절을 향한 우리 회개의 여정은 시작될 수 있습니다.

2014. 3. 5. 바티칸

삶의 가치는 타인의 인정이나 성공에 달려 있는 것이 아니라 우리 내면에 무엇이 있느냐에 달려 있습니다.

2014. 3. 5. 바티칸

그리스도인의 첫째 임무는 하느님의 말씀에 귀 기울이고 예수님의 말씀에 귀 기울이는 것입니다.

2014. 3. 16. 바티칸

성서를 언제나 지니고 다니세요.

2014. 3. 16. 바티칸

🌿

회개는 한 순간이나 일 년에 일어나는 사건이 아니라 평생 지속되어야 할 노력입니다.

2014. 3. 28. 바티칸

🌿

하느님의 자비를 체험한 사람은 가난한 사람을 위한 자비의 주체가 되어야 한다고 느끼게 됩니다.

2014. 3. 28. 바티칸

🌿

사제는 아주 작은 사람입니다.

2014. 4. 17. 바티칸

🌿

사제는 가난을 형제자매로 두는 기쁨이 있습니다.

2014. 4. 17. 바티칸

🌿

베드로처럼 이웃과 마주 앉아서, 내가 받은 하느님의 말씀의 선물을 차분하게 설명하고 나의 기쁨으로 이웃을 감동시킬 수 있겠습니까?

2014. 4. 25. 바티칸

🌿

어린이를 받아들이고, 사랑하고, 돌보고, 보호할 때 가족은 건강해지고, 사회는 더 나아지며, 세상은 더 인간적으로 바뀔 것입니다.

2014. 5. 25. 이스라엘

🌿

우리는 죄인이고 연약하며 문제가 있을 수 있기 때문에, 교회를 날마다 주의 깊게 개혁해야 합니다.

2014. 5. 26. 이스라엘

🌿

우리는 돈이 중심이 되는 세계 경제 시스템에 살고 있습니다. 진정한 경제 시스템에서는 인간이 중심이 되어야 합니다.

2014. 5. 26. 이스라엘

🌿

예루살렘은 세 종교의 수도이자 연결 장소로서, 평화의 도시로 보존되어야 합니다

2014. 5. 26. 이스라엘

🌿

가난하고 병든 사람, 노숙자, 낯선 사람을 잊지 마세요.

2014. 5. 30. 바티칸

🌱

성령이 없으면 선교도 없고 복음 전파도 없습니다.

2014. 6. 8. 바티칸

🌱

주님에 대한 예배가 돈에 대한 예배로 대체되면, 죄와 개인의 이익과 억압으로 가는 길이 열립니다.

2014. 6. 21. 바티칸

🌱

우리 그리스도인은 예수 그리스도 외에 이 세상 그 어떤 것도, 그 누구도 숭배하고 싶지 않습니다.

2014. 6. 21. 바티칸

🌱

사랑하는 젊은이 여러분, 희망을 빼앗기지 마세요!

2014. 6. 21. 바티칸

🌿

주교들은 이 세상에서 권력자들의 후원을 찾고 있나요?

2014. 6. 29. 바티칸

🌿

참으로 주님은 중립이 아니십니다. 그분의 지혜로 연약하고 차별받고 억압받는 사람들 편에 서서 자신을 버리고 그분을 신뢰하는 사람들 편에 서 계십니다.

2014. 7. 5. 이탈리아

🌿

인간의 존엄성이 중심에 있습니다! 인간은 하느님의 모습대로 창조되었고, 우리 모두 하느님의 모습이기 때문입니다.

2014. 7. 5. 이탈리아

🌿

일부 사제와 주교는 미성년자를 대상으로 성범죄를 저질러 자신들의 성소와 미성년자의 순수성을 모독했습니다.

2014. 7. 7. 이탈리아

🌿

하느님과 하느님 백성 앞에서 성직자들이 저지른 죄와 심각한 성적 학대 범죄에 대해 슬픔을 표하며 겸손히 용서를 청합니다.

2014. 7. 7. 이탈리아

🌿

학대 피해자와 그 가족들의 학대 신고에 적절하게 대응하지 못한 교회 책임자들의 부주의한 죄에 대해 용서를 구합니다.

2014. 7. 7. 이탈리아

🌿

예수님은 청중들에게 누구나 이해할 수 있는 쉬운 말로 말씀하셨습니다.

2014. 7. 26. 이탈리아

🌿

하느님은 우리를 만나기를 갈망하시며 우리와 가장 먼저 만나기를 원하시는 분이시기 때문에, 우리는 언제나 하느님을 만날 수 있습니다.

2014. 7. 26. 이탈리아

🌿

하느님을 첫 자리에 둔다는 것은 악에 반대하고, 폭력에 반대하고, 억압에 반대하고, 타인을 위해 봉사하고 합법성과 공동선을 위해 봉사하는 삶을 살기 위해 용기를 갖는 것을 의미합니다.

2014. 7. 26. 이탈리아

진정한 보물인 하느님을 발견한 사람은 이기적인 삶을 포기하고 하느님께 받은 사랑을 다른 이들과 나누기 위해 노력합니다.

2014. 7. 26. 이탈리아

모든 부패와 불법에 반대합니다!

2014. 7. 26. 이탈리아

주님은 "너희는 이런저런 일을 하지만 나는 그것에 신경 쓰지 않고 고아와 과부를 돌보고 소외된 자를 돌보며 창조 세계를 보존하는 데 신경을 쓴다"고 말씀하십니다. 그것이 바로 하느님의 나라입니다.

2014. 7. 26. 이탈리아

🌿

하느님이 창조하신 가장 아름다운 피조물은 사람입니다.

2014. 9. 13. 이탈리아

🌿

탐욕, 편협함, 권력 쟁취 – 이러한 동기는 전쟁을 일으키는 동기이며, 이러한 동기는 이데올로기에 의해 정당화됩니다.

2014. 9. 13. 이탈리아

🌿

하루 지나기 전에 화해하세요.

2014. 9. 14. 바티칸

🌿

십자가가 있을 것입니다. 십자가가 계속 있을 것입니다! 그러나 주님은 언제나 우리가 계속 나아갈 수 있도록 도와주실 것입니다.

2014. 9. 14. 바티칸

🌿

젊음이 있는 곳에 희망이 있습니다.

2014. 9. 21. 알바니아

🌿

상처를 잊지 말고, 그러나 복수는 하지 마세요.

2014. 9. 21. 알바니아

🌿

젊은이들은 사람들을 움직일 수 있는 힘을 제공합니다. 노인들은 기억과 지혜로써 이 힘을 키웁니다

2014. 9. 28. 바티칸

🌿

교회가 가만히 멈추어 서서 스스로 닫아두면 병에

걸리게 됩니다.

2014. 10. 12. 바티칸

하느님에 대한 소망은 현실 도피나 핑계가 아니라, 하느님께 속한 것을 적극적으로 돌려드리는 것을 의미합니다.

2014. 10. 19. 바티칸

우리는 먼저 예수님의 십자가 아래에 서서 예수님의 외침과 마지막 숨소리, 그리고 마침내 침묵을 듣도록 초대받았습니다.

2014. 11. 23. 바티칸

🌿

인생의 황혼에서 우리는 동료 인간에 대한 사랑, 친절, 부드러움에 따라 심판 받게 될 것입니다.

2014. 11. 23. 바티칸

🌿

노예 노동, 인신매매, 아동 인신매매 같은 비극에 우리는 눈 감으면 안됩니다.

2014. 11. 25. 프랑스

🌿

진정한 대화는 단순한 주제에 대한 토론이 아니라 이름과 얼굴, 사연을 가진 사람들 간의 만남입니다.

2014. 11. 30. 튀르키예

🌿

복음의 빛으로 가난의 구조적 원인에 맞서 싸울 것을 요청합니다.

2014. 11. 30. 튀르키예

🌿

민족의 평화를 깨뜨리고, 특히 약하고 무방비 상태의 사람들에게 어떤 종류의 폭력을 저지르거나 허용하는 것은 하느님에 대한 심각한 죄악입니다.

2014. 11. 30. 튀르키예

🌿

안타깝게도 오늘날 많은 젊은이들이 불신과 체념으로 낙담하며 희망 없이 살아가고 있습니다.

2014. 11. 30. 튀르키예

🌿

모든 무슬림이 테러리스트라고 말할 수는 없습니

다. 모든 그리스도인이 테러리스트라고 말할 수 없는 것처럼 말입니다. 모든 종교에는 그런 집단이 존재하기 때문입니다.

2014. 11. 30. 튀르키예

교회가 마치 자신만의 빛이 있다고 믿는 것처럼 자신을 너무 많이 바라보는 실수, 즉 죄악된 습관을 가지고 있습니다. 그러나 교회는 스스로의 빛이 없습니다. 교회는 예수 그리스도를 바라보아야 합니다!

2014. 11. 30. 튀르키예

"저 사람은 보수주의자야"라고 말하며 한 사람을 파괴해서는 안 됩니다. 그도 저만큼이나 하느님의 아들이에요. 하지만 어서 대화합시다. 그가 말하고 싶지 않다면 그것은 그의 문제이지만, 저는 그를 존중합니다.

2014. 11. 30. 튀르키예

🌿

우리는 제3차 세계대전을 단계적으로 모든 곳에서 경험하고 있다고 저는 확신합니다. 인간이 아닌 돈이라는 우상을 중심에 두고 상업적 이익을 추구하는 이 시스템을 구하기 위한 적대감, 정치 문제, 경제 문제뿐 아니라 많은 문제들이 있습니다.

2014. 11. 30. 튀르키예

🌿

성인의 얼굴에는 항상 기쁨이 있습니다. 적어도 고통 속에서도 평화의 얼굴입니다.

2014. 12. 24. 바티칸

🌿

감사하려면 어떻게 해야 하나요? 여러분의 삶을 되돌아보고 삶이 여러분에게 준 많은 좋은 것들을 생각해 보세요.

2014. 12. 24. 바티칸

가장 중요한 것은 하느님을 찾는 것이 아니라, 하느님께서 나를 찾고, 나를 사랑스럽게 하시도록 허용하는 것입니다.

2014. 12. 24. 바티칸

감사의 태도는 주님의 선물을 인정하고 받아들이는 겸손한 자세를 준비시켜 줍니다.

2014. 12. 31. 바티칸

인생의 여정에는 항상 해방을 거부하고 싶은 유혹이 있습니다. 우리는 자유를 두려워하고 역설적이게도 무의식적으로 억압을 선호합니다.

2014. 12. 31. 바티칸

대한민국 방문

(2014. 8. 14.~18.)

🌿

고요한 아침의 나라 한국에 오게 되어 매우 기쁩니다. 이 나라의 아름다운 자연을 보게 되어, 또 무엇보다 한국 국민들과 그 풍요로운 역사와 문화의 아름다움을 만나게 되어서 기쁩니다. 이 민족의 유산은 오랜 세월 폭력과 박해와 전쟁의 시련을 거쳤습니다.

2014. 8. 14. 대한민국

🌿

한국의 평화 추구는 이 지역 전체와 전쟁에 지친 전

세계의 안정에 영향을 미치는 것으로, 우리 마음에 절실한 대의입니다.

2014. 8. 14. 대한민국

정의는 우리가 과거의 불의를 잊지는 않되 용서와 관용과 협력을 통하여 그 불의를 극복하라고 요구합니다.

2014. 8. 14. 대한민국

대부분의 선진국처럼 한국도 중요한 사회 문제들이 있고, 정치적 분열, 경제적 불평등, 자연 환경의 책임 있는 관리에 대한 관심사들로 씨름하고 있습니다.

2014. 8. 14. 대한민국

가난한 사람들과 취약 계층 그리고 자기 목소리를

내지 못하는 사람들을 각별히 배려하는 것 역시 중요합니다. 그들의 절박한 요구를 해결해 주어야 할 뿐만 아니라, 그들이 인간적·문화적으로 향상될 수 있도록 도와주어야 합니다.

2014. 8. 14. 대한민국

저는 한국의 민주주의가 계속 강화되기를 희망합니다.

2014. 8. 14. 대한민국

여러분은 순교자들의 후손이고, 그리스도 신앙을 영웅적으로 증언한 그 증거의 상속자들입니다.

2014. 8. 14. 대한민국

그들은 성직주의의 유혹에 빠지지 않았습니다. 그

들은 평신도였고, 그들 스스로 개척해 나갔습니다! 한국 교회의 역사가 하느님의 말씀과 직접 만나 시작되었다는 것은 뜻깊습니다.

2014. 8. 14. 대한민국

순교자들과 지난 세대의 그리스도인들에 대한 기억은 현실적이어야 합니다. 이상화되거나 "승리에 도취"된 기억이 되어서는 안 됩니다. 지금 회개하라고 촉구하시는 하느님의 부르심을 듣지 않고 과거만 바라본다면, 우리가 앞으로 길을 나아가는 데 아무런 도움이 되지 못합니다.

2014. 8. 14. 대한민국

희망의 지킴이가 된다는 것은 또한 가난한 사람들에게 관심을 쏟으며, 특히 난민들과 이민자들 그리고 사회의 변두리에서 사는 사람들과 연대를 실행하여, 한국 교회의 예언자적 증거가 끊임없이 명백하게 드러나도록 하는 것을 의미합니다.

2014. 8. 14. 대한민국

우리는 가난한 사람들을 돕는 일을 사업적인 차원으로만 축소시키고, 모든 사람이 반드시 한 인간으로서 성장하고(한 인간으로 성장할 권리) 자신의 인격과 창의력과 문화를 존엄하게 표현하여야 할 필요성을 잊어버리는 위험에 빠질 수 있습니다.

2014. 8. 14. 대한민국

가난한 사람들과 함께 하는 연대는 복음의 중심에 있고, 그리스도인 생활의 필수 요소로 여겨야 합니다.

2014. 8. 14. 대한민국

가난한 이들이 복음의 중심에 있다고 말씀 드렸습니다. 또한 복음의 시작과 끝에도 가난한 이들이 있습니다.

2014. 8. 14. 대한민국

번영의 시기에 오는 위험, 유혹이 있습니다. 위험이란 그리스도교 공동체가 한갓 "사교 모임"이 되는 것입니다.

2014. 8. 14. 대한민국

교회는 중산층의 공동체가 되어, 가난한 이들이 교회 안에서 수치심을 느끼고 그 안에 들어가기를 부끄러워할 지경에 이르렀습니다. 이는 또한 정신적 웰빙, 사목적 웰빙에 대한 유혹입니다. 곧 가난한 이들을 위한 가난한 교회가 아니라 부자들을 위한 부유한 교회, 또는 잘사는 자들을 위한 중산층의 교회가 되려는 유혹입니다.

2014. 8. 14. 대한민국

그들은 가난한 이들을 쫓아내지는 않지만, 가난한 이들이 감히 교회 안으로 들어서지 못하게, 또 제 집처럼 편안함을 느낄 수도 없게 하는 그런 방식으로 살고 있습니다. 이것이 번영에 대한 유혹입니다.

2014. 8. 14. 대한민국

교회의 예언자적 구조에서 가난한 이들을 제거하려는 유혹에 빠지지 마십시오. 부자들을 위한 부유한 교회, 하나의 웰빙 교회, 그런 교회가 되어서는 안 됩니다. "번영의 신학"에 이르렀다고 말하지는 않겠습니다. 안 됩니다. 그저 그렇고 그런 쓸모없는 교회가 되지 마십시오.

2014. 8. 14. 대한민국

한국 교회가 번영하였으나 또한 매우 세속화되고 물질주의적인 사회의 한가운데에서 살고 일하기 때문입니다. 이러한 상황에서 사목자들은 복음서에서 예수님께서 가르치신 기준보다도 기업 사회에서 비롯된 능률적인 운영·기획·조직의 모델들을 받아들일 뿐 아니라, 성공과 권력이라는 세속적 기준을 따르는 생활양식과 사고방식까지도 받아들이려는 유혹을 받고 있습니다.

2014. 8. 14. 대한민국

그러한 온갖 유혹을 물리치십시오. 성령을 질식시키고, 회개를 무사안일로 대체하고, 마침내 모든 선교 열정을 소멸시켜 버리는 그러한 정신적 사목적 세속성에서 하느님이 우리를 구원해 주시기를 빕니다.

2014. 8. 14. 대한민국

🌿

이 나라의 그리스도인들이 사회의 모든 영역에서 정신적 쇄신을 가져오는 풍성한 힘이 되기를 빕니다. 그들이 올바른 정신적 가치와 문화를 짓누르는 물질주의의 유혹에 맞서, 그리고 이기주의와 분열을 일으키는 무한 경쟁의 사조에 맞서 싸우기를 빕니다. 새로운 형태의 가난을 만들어 내고 노동자들을 소외시키는 비인간적인 경제 모델들을 거부하기를 빕니다.

2014. 8. 15. 대한민국

🌿

우리 가운데 있는 가난하고 궁핍한 이들과 힘없는 이들에게 깊은 관심을 기울여야 합니다.

2014. 8. 15. 대한민국

🌿

북한의 우리 형제자매들을 위하여 기도하십시오.

2014. 8. 15. 대한민국

🌿

북한에 있는 여러분의 형제자매들을 생각하십시오. 그들은 같은 언어를 말합니다. 가족 간에 같은 언어를 쓸 때 인간적으로도 희망이 있는 것입니다.

2014. 8. 15. 대한민국

🌿

오늘날 교회는 야전병원처럼 보입니다. 위로가 필요한 상처들이 너무나 많습니다.

2014. 8. 15. 대한민국

🌿

막대한 부요 곁에서 매우 비참한 가난이 소리 없이 자라나고 가난한 사람들의 울부짖음이 좀처럼 주목받지 못하는 사회들 안에 살고 있는 우리에게 순교자들의 모범은 많은 것을 일깨워 줍니다.

2014. 8. 16. 대한민국

🌿

가난한 이들을 돕는 것은 반드시 필요하고 좋은 일이지만, 그것으로 충분하지는 않습니다.

2014. 8. 16. 대한민국

🌿

회개는 한 개인으로서 그리고 하나의 민족으로서 우리의 삶과 우리 역사의 흐름을 바꿀 수 있는 마음의 새로운 변화를 의미합니다.

2014. 8. 18. 대한민국

🌿

회심을 촉구하는 하느님의 긴박한 부르심은 한국에서 그리스도를 믿고 따르는 이들에게도 하나의 도전을 제시합니다. 그 도전은 참으로 정의롭고 인간다운 사회를 이룩하는 데 그리스도인들이 과연 얼마나 질적으로 기여했는가 점검해보라는 부르심입니다.

2014. 8. 18. 대한민국

우리에게 잘못한 사람들을 용서할 준비가 되어 있지 않다면, 우리가 어떻게 평화와 화해를 위하여 정직한 기도를 바칠 수 있겠습니까?

2014. 8. 18. 대한민국

바로 이것이 제가 한국 방문을 마치며 여러분에게 남기는 메시지입니다. 그리스도 십자가 힘을 믿으십시오! 그 화해시키는 은총을 여러분의 마음에 기쁘게 받아들이고, 그 은총을 다른 이들과 함께 나누십시오!

2014. 8. 18. 대한민국

🌿

인간의 고통을 마주할 때 마음이 이끄는 대로 행동해야 합니다.

2014. 8. 18. 대한민국

🌿

세월호 리본을 반나절 달고 있었는데(그들과 연대하는 마음으로), 누군가 저에게 다가와서 "세월호 리본을 떼시는 것이 좋겠습니다. 교황님은 중립을 지켜야 하십니다"라고 말했어요. 그러나 "인간의 고통 앞에 중립은 없습니다!"

2014. 8. 18. 대한민국

🌿

불의한 가해자를 막는 것은 정당한 일입니다.

2014. 8. 18. 대한민국

🌿

모든 사람이 그리스도인은 아니지만, 하느님 앞에서 모두 평등합니다.

2014. 8. 18. 대한민국

🌿

한민족은 품위를 잃지 않은 민족입니다. 침략과 굴욕, 전쟁을 겪었고 지금은 분단되어 많은 고통을 겪고 있는 민족입니다.

2014. 8. 18. 대한민국

🌿

사람을 고문하는 것은 죽음에 이르는 죄입니다.

2014. 8. 18. 대한민국

🌿

순교자들의 피는 그리스도인의 씨앗입니다. 한국인 여러분은 정말 많은 씨앗을 뿌렸습니다.

2014. 8. 18. 대한민국

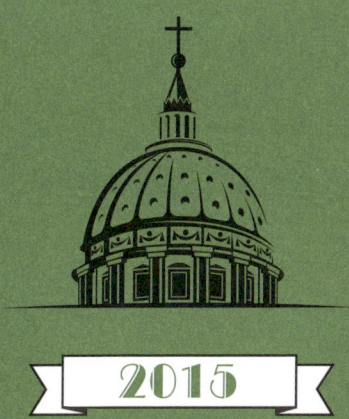

2015

🌿

우리 모두는 자유를 위해 아들이나 딸이 되기 위해 부름을 받았으며, 현대의 노예제도에 맞서 싸우라는 개인적인 책임에 따라 모두 부름을 받았습니다.

2015. 1. 1. 바티칸

🌿

전쟁, 어린이 착취, 고문, 무기 밀매, 인신매매, 이런 모든 현실 속에서, 이런 상황으로 인해 고통받는 지극히 작은 형제자매들 속에서 예수님은 계십니다.

2015. 1. 6. 바티칸

🌿

하느님에 대한 진정한 예배는 차별과 증오, 폭력이 아니라 생명의 불가침성, 타인의 존엄성과 자유에 대한 존중, 그리고 모두의 안녕을 위한 사랑의 헌신으로 열매를 맺습니다.

2015. 1. 14. 스리랑카

🌿

필리핀 교회는 필리핀 사회를 병들게 하고 그리스도의 가르침과 정면으로 모순되는 뿌리 깊은 불평등과 불의의 근본 원인을 인식하고 해결하도록 부름을 받았습니다.

2015. 1. 16. 필리핀

🌿

하느님의 말씀이 우리의 안일함, 변화에 대한 두려움, 이 세상의 방식과의 사소한 타협, '영적 세속성'을 흔드는 것을 거부한다면, 우리 자신이 어떻게 다른 이들에게 십자가의 새로움과 해방의 힘을 선포할 수 있을까요?

2015. 1. 16. 필리핀

방향을 잃고 낙담하고 있지만 여전히 교회를 여정의 동반자이자 희망의 원천으로 여기는 젊은이들과 가까이 지내세요. 가난과 부패가 만연한 사회 한가운데서 살기 때문에 내면이 상하고 포기하고 학교를 그만두고 거리에서 살고 싶은 유혹을 받는 이들과 교회는 가까이 지내세요.

2015. 1. 16. 필리핀

교회는 모든 유행하는 생활 방식을 거부하는 데 점점 더 모범을 보여야 합니다. 주교, 사제, 수녀, 평신도와 봉헌된 사람들에게 가장 위험한 죄, 가장 위험한 유혹은 유행에 민감한 생활 방식입니다.

2015. 1. 16. 필리핀

🌿

우리 그리스도인들은 눈물의 은혜를 구해야 하며, 특히 부유한 그리스도들은 불의를 보고 울고 죄를 보고 울어야 합니다.

2015. 1. 16. 필리핀

🌿

가난한 사람들이 우리에게 복음을 전합니다. 우리가 복음에서 가난한 사람들을 제외한다면, 예수님의 메시지를 이해할 수 없습니다. "나는 가난한 사람들에게 복음을 전하러 갑니다." – 네, 하지만 가난한 사람들이 당신에게 복음을 전하게 하세요! 가난한 사람들에게는 여러분에게 없는 가치가 있기 때문입니다.

2015. 1. 16. 필리핀

🌿

그리스도인의 일치가 자신의 견해의 타당성을 상

대방에게 설득하려는 정교한 이론적 토론의 결과가 아니라고 우리는 확신합니다.

2015. 1. 25. 바티칸

예수님께 치유를 받도록 하세요. 각자는 자신의 상처가 어디에 있는지 알고 있습니다. 우리 각자에게는 상처가 있습니다.

2015. 2. 8. 이탈리아

우리를 자유롭게 하는 것은 사랑, 사랑뿐입니다.

2015. 2. 14. 바티칸

교회에서 관리 직책에 부름받은 사람들은 정의감이 강해야 하며, 자신이나 교회에 유익할 수 있는 불의라 하더라도 용납하면 안됩니다.

2015. 2. 14. 바티칸

사랑은 중립일 수 없습니다.

2015. 2. 15. 바티칸

복음에 걸맞은 용기를 가지고 우리의 문을 두드리는 사람들을 환영하고 일치할 뿐만 아니라, 편견과 두려움 없이 멀리 있는 사람들을 찾아가고, 우리 자신이 받은 것을 댓가 없이 그들에게 드러내는 것, 이것이 예수님의 논리이며 교회의 길입니다.

2015. 2. 15. 바티칸

우리는 주님의 집에 들어가서 정의, 정직 또는 자선의 요구 사항에 위배되는 경건한 행동을 기도와 실천으로 '은폐'하려는 착각에 굴복해서는 안 됩니다.

2015. 3. 7. 이탈리아

🌿

마음이 정의롭지 않다면, 정의를 실천하지 않는다면, 사랑이 필요한 사람들을 사랑하지 않는다면, 행복선언 정신에 따라 살지 않는다면, 당신은 가톨릭 신자가 아닙니다. 당신은 위선자입니다.

2015. 3. 8. 이탈리아

🌿

하느님은 모든 것을 용서하시고 항상 용서하신다는 사실을 잊지 맙시다. 용서를 구하는 일에 지치지 맙시다.

2015. 3. 13. 바티칸

🌿

사랑과 정의로 회개하세요.

2015. 3. 21. 이탈리아

🌿

무엇보다도 자신을 낮추는 것이 하느님 스타일입

니다.

2015. 3. 29. 바티칸

🌿

오늘 자비의 희년을 기념하는 이유는 무엇인가요? 간단히 말해 거대한 시대적 변화의 시기에 교회는 하느님의 존재와 친밀함의 표징을 더 많이 제시하도록 부름 받았기 때문입니다.

2015. 4. 11. 바티칸

🌿

기억이 없는 곳에 악은 상처를 계속 드러내기 때문에, 기억은 필요하며, 더 나아가 기억은 의무입니다. 악을 숨기거나 부정하는 것은 상처를 치료하지 않고 계속 피가 나도록 방치하는 것과 같습니다.

2015. 4. 12. 바티칸

🌿

악은 하느님에게서 오지 않습니다.

2015. 4. 12. 바티칸

🌿

설교는 지루해서는 안됩니다. 설교는 마음에서 우러나오는 말이기 때문에 사람들의 마음을 움직여야 하고, 마음속에 있는 것을 말해야 합니다.

2015. 4. 26. 바티칸

🌿

자비 베푸는 일에 지치지 마세요! 고해성사는 정죄하는 것이 아니라 용서하는 자리입니다!

2015. 4. 26. 바티칸

🌿

예수 안에 머무는 것은 선을 행하고, 다른 사람을 돕고, 아버지께 기도하고, 병자를 돌보고, 가난한 사람을 돕고, 성령의 기쁨을 누리는 등 예수님과 같은 일을 한다는 뜻입니다.

2015. 5. 3. 이탈리아

성령에 대해 닫혀 있는 것은 자유 부족일 뿐만 아니라 죄입니다.

2015. 5. 24. 바티칸

평화는 정의의 실현입니다.

2015. 6. 6. 보스니아헤르체고비나

사람들이 스스로 하느님과 화해할 수 있어야만 화평케 하는 사람이 될 수 있습니다.

2015. 6. 6. 보스니아헤르체고비나

우리는 한 마리 양을 양 우리에 넣어두고 나머지 99마리는 언덕에서 길을 잃게 내버려두는 교회에 익숙해져 있지 않습니까?

2015. 6. 12. 이탈리아

카타콤은 박해를 피하기 위한 피난처가 아니라 무엇보다도 기도의 장소였습니다.

2015. 6. 29. 바티칸

모든 것이 사라지고 하느님만 남습니다.

2015. 6. 29. 바티칸

증거 없는 교회나 그리스도인은 열매를 맺을 수 없습니다.

2015. 6. 29. 바티칸

🌿

가장 효과적이고 진정한 증거는 말씀으로 선포하는 것과 다른 사람들에게 가르치는 것이 자신의 행동과 삶에 모순되지 않는 것입니다!

2015. 6. 29. 바티칸

🌿

가족은 가장 가까운 병원입니다.

2015. 7. 6. 에콰도르

🌿

'엘리트' 영성은 예수 영성이 아닙니다.

2015. 7. 7. 에콰도르

🌿

어머니에게 아들이나 딸의 죽음을 목격하는 것보다 더 힘든 상황은 없습니다.

2015. 7. 11. 파라과이

🌿

왜 가난한 사람들에 대해 이야기할까요? 가난한 사람들은 복음의 중심에 있기 때문입니다. 저는 항상 복음에서 출발하여 가난에 대해 이야기합니다.

2015. 7. 11. 파라과이

🌿

전 세계 많은 나라에서 인권이 존중받지 못하고 있습니다.
종교의 자유가 존중되지 않는 국가가 많습니다.

2015. 7. 11. 파라과이

🌿

한 민족, 한 국가의 위대함과 중요성, 한 사람의 위대함은 항상 동료 인간의 약함과 연약함을 섬기는 방식에 기초합니다.

2015. 9. 20. 쿠바

어떤 수도회가 돈을 모으고 저축하고 또 저축하기 시작하면, 하느님은 그 수도회를 파산으로 이끌 친절한 관리자를 보내십니다. 이것이 바로 교회에 대한 하느님의 최고의 축복입니다.

2015. 9. 20. 쿠바

교회에서 갈등과 토론은 바람직하며 심지어 필요합니다. 교회가 살아 있고 성령이 계속 역사하고 있다는 신호입니다.

2015. 9. 20. 쿠바

우리는 비즈니스 업계에서 규정하는 효율성, 기능, 외형적 성공이라는 기준에 따라 사목적 노력의 가치를 측정하는 함정에 빠질 수 있습니다.

2015. 9. 24. 미국

🌿

급변하는 사회에서 교회의 미래는 평신도들의 보다 적극적인 헌신을 요구할 것이며, 이미 요구하고 있습니다.

2015. 9. 26. 미국

🌿

저는 79세에 미국을 처음 방문했습니다. 그전에 한 번도 와본 적 없습니다.

2015. 9. 27. 미국

🌿

아프리카는 착취 당한 대륙입니다.

2015. 9. 27. 미국

🌿

장벽은 해결책이 될 수 없지만, 다리는 해결책이 될 수 있습니다.

2015. 9. 27. 미국

교회에서 여성은 남성보다 더 중요한 존재입니다.

2015. 9. 27. 미국

우리는 여성 신학을 발전하는 데 조금 뒤처져 있습니다. 우리는 여성 신학에서 더 많은 진전을 이루어야 합니다.

2015. 9. 27. 미국

권력을 가지면 자신을 하느님처럼 느끼는데, 그것이 가장 심각한 죄입니다.

2015. 10. 3. 바티칸

악마와 대화할 수 없습니다.

2015. 10. 3. 바티칸

교만과 경력 쌓기는 그리스도 따르기와 모순됩니다. 지상의 명예와 승리, 지상의 성공과 명성은 십자가에 못 박히신 그리스도의 논리와 양립할 수 없습니다.

2015. 10. 18. 바티칸

예수님은 우리가 우리 자신을 믿는 것보다 더 많이 우리를 믿으십니다.

2015. 10. 25. 바티칸

우리가 세상의 주인인 것처럼 생각하지만, 우리는 하느님의 자녀입니다.

2015. 11. 1. 이탈리아

항상 다른 사람을 속이고 이익을 취할 기회를 찾는 사람들은 행복할까요? 아니요, 그들은 행복할 수 없습니다.

2015. 11. 1. 이탈리아

섬기는 자가 구원합니다.

2015. 11. 3. 바티칸

긴 강론이 아니라도 모두가 이해할 수 있는 단순한 설교가 되기 바랍니다.

2015. 11. 9. 바티칸

예수님을 진리 안에서 인정할 때 우리는 인간 상황의 진실을 볼 수 있고, 사회의 완전한 인간화에 기여할 수 있습니다.

2015. 11. 10. 이탈리아

하느님은 인간 안에서 당신의 모습을 인식하고 인간은 하느님 안에서만 자신을 인식하기 때문에, 하느님과 인간은 대립의 극단이 아니라 항상 서로를 그리워합니다.

2015. 11. 10. 이탈리아

우리는 이기주의와 타인에 대한 무관심의 문화가 만들어낸 새로운 광야의 확산을 목격하고 있습니다.

2015. 11. 26. 케냐

무기를 부당하게 사용하는 모든 이들에게 호소합니다. 죽음의 무기를 내려놓고, 평화의 진정한 보증인 정의와 사랑, 자비를 갖추십시오.

2015. 11. 29. 중앙아프리카공화국

종교적 광신주의는 종교가 아닙니다. 왜 그럴까요? 하느님이 없기 때문입니다. 돈이 우상숭배인 것처럼 종교적 광신주의는 우상숭배입니다.

2015. 11. 30. 중앙아프리카공화국

우리 그리스도인들이 종교 전쟁뿐 아니라 얼마나 많은 전쟁을 일으켰습니까!

2015. 11. 30. 중앙아프리카공화국

아프리카는 순교자입니다. 아프리카는 역사적으로 착취당한 순교자입니다. 아프리카는 다른 강대국의 희생자였기 때문에 저는 아프리카를 사랑합니다.

2015. 11. 30. 중앙아프리카공화국

🌿

하느님을 찾고 싶다면 겸손하게 하느님을 찾고, 가난하게 하느님을 찾고, 하느님이 숨어 계신 곳 즉 가난한 자, 가장 가난한 자, 병든 자, 굶주린 자, 감옥에 갇힌 자를 찾아보세요.

2015. 12. 18. 이탈리아

🌿

하늘 나라는 돈으로 들어가는 곳이 아닙니다.

2015. 12. 18. 이탈리아

🌿

죄인에게 엄격하고, 죄에 대해 느슨하고 관대한 세상에서, 강한 정의감을 키우고 하느님의 뜻을 구하고 실천하는 것이 필요합니다.

2015. 12. 24. 바티칸

세례 받는 날, 이마에 십자가를 그리는 것처럼 하루의 시작과 끝에서 자녀를 축복하는 것보다 아버지와 어머니에게 더 아름다운 일이 있을까요?

2015. 12. 27. 바티칸

가족에 대한 신뢰를 잃지 맙시다!

2015. 12. 27. 바티칸

어떤 순간에는 선이 약해 보이고 숨겨져 있더라도, 항상 선이 승리합니다.

2015. 12. 31. 바티칸

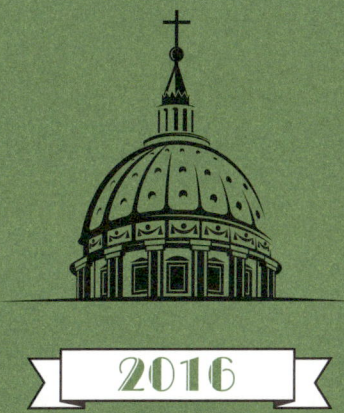

인간에 의한 인간에 대한 공격이 계속되고, 강자의 오만함이 약자를 모욕하고, 약자를 세상의 가장 황량한 변두리로 내모는 일이 어떻게 가능한지 우리는 가끔 자문합니다. 인간의 사악함이 언제까지 지구 곳곳에 폭력과 증오를 심고 무고한 희생자를 낳을까요?

2016. 1. 1. 바티칸

용서하는 방법을 모르는 사람은 아직 사랑의 충만함을 경험하지 못한 사람입니다. 진정으로 사랑하는 사람만 자신이 겪은 잘못을 잊고 용서에 도달할 수 있습니다.

2016. 1. 1. 바티칸

우리 자신을 온전히 아버지의 자비에 맡기지 않고서는 그리스도인의 진정한 일치를 찾을 수 없다는 사실을 잊지 말아야 합니다. 무엇보다도 우리는 그리스도의 몸에 상처를 낸 분열의 죄에 대해 용서를 청합니다. 로마의 주교이자 가톨릭 교회의 사목자로서, 복음에 부합하지 않는 가톨릭 신자들의 다른 교회 신자들에 대한 행동에 대해, 저는 자비와 용서를 구합니다. 동시에 모든 가톨릭 형제자매들에게 현재 또는 과거에 다른 그리스도인들에게 불쾌감을 준 적이 있다면, 용서해 주실 것을 청합니다. 일어난 사건을 지울 수는 없지만, 과거의 죄책감이 우리의 관계를 계속 오염시키는 것을 저는 허용하고 싶지는 않습니다.

2016. 1. 25. 이탈리아

🌿

저는 오늘 너무 많은 것을 용서한 것 같습니다. 하지만 주님, 저에게 '나쁜' 모범을 보이신 것은 바로 주님이십니다!

2016. 2. 9. 바티칸

🌿

이것이 바로 죄의 수수께끼입니다. 하느님, 다른 사람들, 우리 자신에게서 우리는 거리를 두었습니다.

2016. 2. 10. 바티칸

🌿

얼마나 자주, 고통스럽게 우리는 우리 자신과 타인

의 존엄성을 인식하지 못하는 것에 대해 맹목적이고 무감각합니다.

2016. 2. 14. 멕시코

우리는 역사상 가장 큰 환경 위기를 더 이상 외면할 수 없습니다.

2016. 2. 15. 멕시코

신학생들은 신학교에 입학할 때 종종 저에게 "신부님, 더 깊이, 더 영적으로 기도하고 싶어요"라고 물었습니다. - "집에서 배운 대로 계속 기도하면, 여러분의 삶이 성장한 만큼 기도가 차근차근 자라날 것입니다."

2016. 2. 16. 멕시코

🌿

이 현실 앞에서 악마가 가장 좋아하는 무기 중 하나는 체념입니다.

2016. 2. 16. 멕시코

🌿

여성과 우호적인 관계를 유지하지 못하는 남성은 무언가 놓치고 있는 남성입니다.

2016. 2. 17. 멕시코

🌿

오늘날 멕시코에서 65개 언어가 사용된다는 사실을 알고 계셨나요?

2016. 2. 17. 멕시코

🌿

자신만 바라보면 눈이 멀고, 둔해지고, 자기 중심적이 되어, 기쁨이 없고 자유가 없어집니다.

2016. 3. 4. 바티칸

🌿

자비로운 아버지의 비유에서 아들을 만나기 위해 달려가 아들을 안아주는 아버지의 모습에 우리는 놀랐고, 아들을 껴안고 입을 맞추고 손가락에 반지를 끼워주어 동등한 존재로 느끼게 하고, 신발을 신겨주어 부하가 아닌 아들이라는 표시를 하는 아버지의 모습에 우리는 또 한 번 놀랐습니다.

2016. 3. 24. 바티칸

🌿

복음은 반드시 읽고 또 읽어야 하는 하느님의 자비에 관한 책입니다. 예수님께서 말씀하시고 행하신 모든 것은 아버지의 자비를 표현한 것이기 때문입니다.

2016. 4. 3. 바티칸

🌿

십자가 없이 진정한 예수를 찾을 수 없고, 그리스도

없는 십자가는 의미 없습니다.

2016. 4. 17. 바티칸

🌿

사랑은 그리스도인의 신분증이며, 예수님의 제자로 인정받을 수 있는 유일한 신분증입니다.

2016. 4. 24. 바티칸

🌿

자유롭지 않은 사랑은 진정한 사랑이 아닙니다.

2016. 4. 24. 바티칸

🌿

"아니요"라고 말할 수 없다면, 자유로운 사람이 아닙니다. "예"라고 말할 수도 있고 "아니오"라고 말할 수도 있어야 자유로운 사람입니다.

2016. 4. 24. 바티칸

🌿

책임 있는 시민으로서 모든 사람, 특히 가장 가난하고 소외되고 차별받는 사람들의 존엄성을 지키기 위해 자신의 삶을 '깨뜨리고' 나누는 그리스도인이 얼마나 많습니까!

2016. 5. 6. 바티칸

🌿

본당에서 "언제부터 언제까지"라는 근무 시간을 볼 때면 저는 마음이 아픕니다. 문도 열리지 않고, 신부님도 없고, 직원도 없고, 사람들을 맞이할 평신도도 없습니다.

2016. 5. 29. 바티칸

🌿

우리 각자는 봉사하도록 부름 받았지만, 무엇보다 먼저 내면의 치유를 받아야 합니다. 봉사할 수 있으려면 하느님으로부터 치유받은 마음, 용서받았다고 느끼는 마음, 닫히거나 딱딱하지 않은 마음의 건강이 필요합니다. 매일 예수님께 치유받기를 간구하며 예수님을 닮게 해달라고 자신 있게 기도하는 것은 우리에게 좋은 일이 될 것입니다.

2016. 5. 29. 바티칸

하느님의 마음을 따르는 목자는 자신의 안락함을 지키지 않고 자신의 평판을 보호하는 데 신경 쓰지 않으며 예수님처럼 비방을 당할 것입니다. 비판을 두려워하지 않고 주님을 본받기 위해 위험을 감수할 준비가 되어 있습니다.

2016. 6. 3. 바티칸

지켜야 할 또 다른 기억이 있는데, 민족의 기억입니다. 민족은 개인만큼이나 기억을 가지고 있습니다.

2016. 6. 25. 아르메니아

주님의 제자들 사이에서 가능한 유일한 경쟁은 누가 더 큰 사랑을 베풀 수 있는지 하는 경쟁입니다!

2016. 6. 25. 아르메니아

사랑하는 데 지치지 맙시다.

2016. 6. 25. 아르메니아

저는 마르틴 루터의 의도가 틀리지 않았다고 믿습니다. 그는 개혁가였습니다. 교회에는 부패가 있었고 세속주의와 돈과 권력에 대한 집착이 있었습니다. 그는 이에 저항했습니다.

2016. 6. 26. 아르메니아

가난한 사람들, 박해받는 사람들, 고통받는 수많은

사람들, 난민들을 위해 함께 일하고 함께 기도해야 합니다. 그리고 신학자들은 함께 공부하고 연구해야 합니다.

2016. 6. 26. 아르메니아

여성들의 의견을 듣지 않고 좋은 결정, 옳고 올바른 결정을 내릴 수 없습니다.

2016. 6. 26. 아르메니아

성소수자들은 차별받지 않아야 하고, 존중받아야 하며, 사목적인 보살핌 받아야 합니다.

2016. 6. 26. 아르메니아

교회는 동성애자에게 사과해야 할 뿐만 아니라 가난한 사람들과 노동 생활에서 착취당하는 여성과 어린이들에게도 사과해야 하며, 수많은 무기를 축복한 것에 대해서도 사과해야 합니다.

2016. 6. 26. 아르메니아

저는 어린 시절 부에노스 아이레스의 폐쇄적인 가톨릭 문화를 기억합니다. 저는 그곳 출신이에요. 이혼한 가족의 집에는 들어가면 안되었어요.

2016. 6. 26. 아르메니아

기도는 닫힘에서 열림으로, 두려움에서 용기로, 슬픔에서 기쁨으로 나아갈 수 있는 길을 열어주는 은혜의 통로입니다.

2016. 6. 29. 바티칸

주님은 강력하고 먼 통치자처럼 두려움을 받기를

원하지 않으시고, 하늘의 보좌나 역사책에 머물기를 원하지 않으시며, 우리와 함께 동행하기 위해 우리의 일상적인 일에 참여하기를 좋아하십니다.

2016. 7. 28. 폴란드

🌿

읽고 또 읽어야 하는 하느님 자비의 살아있는 책인 복음서에는 여전히 마지막에 빈 페이지가 있다고 말할 수 있습니다. 복음서는 열린 책으로 남아 있으며, 우리는 동일한 스타일로, 즉 자비의 일을 수행함으로써 계속해서 복음서를 쓰도록 부름 받았습니다.

2016. 7. 30. 폴란드

🌿

저는 젊은이들과 대화하는 것을 좋아합니다. 젊은이들의 이야기를 듣는 것도 좋아합니다. 제가 미처 생각하지 못했거나 절반만 생각한 것을 말해주기 때문에, 젊은이들은 항상 저를 곤경에 빠뜨리죠. 불안한 젊은이들, 창의적인 젊은이들, 저는 그런 젊은이들을 좋아합니다.

2016. 7. 31. 폴란드

만일 내가 이슬람 폭력에 대해 이야기한다면, 가톨릭 폭력에 대해서도 이야기해야 합니다. 모든 무슬림이 폭력적인 것은 아니며 모든 가톨릭 신자가 폭력적인 것도 아닙니다.

2016. 7. 31. 폴란드

이슬람과 폭력을 동일시하는 것은 옳지 않다고 저는 생각합니다. 그것은 옳지 않고 사실이 아닙니다!

2016. 7. 31. 폴란드

하느님은 우리를 있는 그대로 사랑하십니다.

2016. 7. 31. 폴란드

우리가 우리 자신을 사랑하는 것보다 하느님은 우리를 더 사랑하십니다.

2016. 7. 31. 폴란드

기쁨이 없는 젊은이를 보는 것은 슬픕니다.

2016. 7. 31. 폴란드

동료 인간을 위해 자신을 헌신하는 모든 사람은 비록 그 사실을 알지 못하더라도 하느님을 사랑하고 있습니다.

2016. 9. 4. 바티칸

🌿

사랑하는 사람은, 사랑이신 하느님을 선포하고 있습니다.

2016. 9. 25. 바티칸

🌿

자신을 위해 사는 사람은 역사를 쓰지 못합니다. 그리스도인은 역사를 써야 합니다! 역사를 쓰기 위해 자신을 벗어나야 합니다.

2016. 9. 25. 바티칸

🌿

인간의 진정한 위대함은 하느님 앞에서 자신을 낮추는 것입니다.

2016. 10. 1. 조지아

🌿

하느님은 우리 마음을 변화시켜서 세상을 변화시

키시며, 우리 없이 그 일을 하실 수 없습니다.

2016. 10. 2. 조지아

🌿

믿음과 봉사는 분리될 수 없으며, 오히려 밀접하게 서로 연결되어 있습니다.

2016. 10. 2. 조지아

🌿

사제로서, 주교로서, 그리고 교황으로서 저는 동성애 성향을 가진 사람들과 동성애를 실천하는 사람들과 동행해 왔습니다. 나는 그들과 동행하며 그들을 주님께 더 가까이 데려왔고, 어떤 이들은 그렇게 할 수 없었지만, 나는 그들과 동행해 왔으며 누구도 실망시킨 적이 없습니다. 여러분도 그렇게 해야 합니다. 예수님이 동행하시는 것처럼 여러분도 사람들과 동행해야 합니다. 이런 상황에 처한 사람이 예수님 앞에 온다면, 예수님은 분명히 그들에게 "너는 동성애자니까 너 자신을 버려라!"라고 말씀하시지 않을 것입니다.

2016. 10. 2. 조지아

노벨 평화상과 별도로 세계적 차원에서 원자폭탄으로 사망한 어린이, 장애인, 미성년자, 민간인 희생자들에 대한 추모, 인정, 선언이 이루어지기를 저는 바랍니다.

2016. 10. 2. 조지아

교황도 다른 사람들과 마찬가지로 불쌍한 죄인입니다.

2016. 10. 2. 조지아

우리를 도와주는 사람, 가까운 사람, 인생의 동반자

에게 감사 인사를 얼마나 자주 하고 있습니까?

2016. 10. 9. 바티칸

🌿

무언가 청하기 위해 하느님께 가는 것은 쉽습니다. 하지만 감사 인사를 드리기 위해 하느님께 가는 것은요?

2016. 10. 9. 바티칸

🌿

감사하다고 말하려면 겸손이 필요합니다.

2016. 10. 9. 바티칸

🌿

이웃 종교를 가진 사람들을 포함하여 얼마나 많은 낯선 사람들이 우리가 때때로 잊거나 소홀히 하는 가치에 대한 모범을 보여주고 있습니까! 우리 옆에 살지만 외국인이라는 이유로 낮은 평가를 받거나 소외된 많은 사람들이 주님이 원하시는 길을 어떻게 걸어야 하는지 우리에게 가르쳐 줄 수 있습니다.

2016. 10. 9. 바티칸

기도는 이상적인 세계로 도피하거나 거짓된 이기적 평온으로 물러남을 뜻하지 않습니다.

2016. 10. 16. 바티칸

그리스도교 분열은 엄청난 고통과 오해의 원천이었지만, 그분을 떠나서는 아무 것도 이룰 수 없다는 것을 정직하게 깨닫게 해주었고, 동시에 우리 신앙의 일부 측면을 더 잘 이해할 수 있는 기회를 주기도 했습니다.

2016. 10. 31. 스웨덴

우리는 종교개혁이 성서를 교회 생활의 중심에 두

는 데 기여했음을 감사하게 생각합니다.

2016. 10. 31. 스웨덴

🌿

마르틴 루터의 영적 체험은 우리에게 도전을 주고, 하느님 없이 아무 것도 이룰 수 없음을 일깨워 줍니다. "어떻게 하면 은혜로우신 하느님을 만날 수 있을까?" 이것이 루터를 끊임없이 사로잡은 질문입니다. 하느님과 올바른 관계에 대한 질문은 인생의 중요한 질문입니다. 우리가 알다시피, 루터는 사람이 되시고 죽으시고 다시 살아나신 예수 그리스도의 복음에서 이 자비로운 하느님을 만났습니다. "오직 은혜로만" 원칙을 통해 우리는 하느님께서 항상 주도권을 쥐고 인간의 응답을 경청하시고 동시에 이러한 반응을 촉발시키신다는 사실을 기억하게 됩니다. 따라서 칭의론은 하느님 앞에서 인간 존재의 본질을 표현합니다.

2016. 10. 31. 스웨덴

🌿

신학적 차이는 편견과 갈등을 동반해 왔으며 종교는 정치적 목적을 위해 도구화되어 왔습니다. 예수 그리스도에 대한 우리의 공통된 믿음과 세례는 화해의 역할을 방해하는 역사적 불일치와 갈등을 제쳐두고 매일 회개할 것을 우리에게 요구합니다. 우리가 과거를 바꿀 수는 없지만, 무엇을 기억하고 어떻게 기억하는지는 변화시킬 수 있습니다.

2016. 10. 31. 스웨덴

🌿

그리스도께서 계속해서 고난을 당하신다는 사실, 가장 약한 형제자매들 속에서 끊임없이 십자가에 못 박히신다는 사실은 항상 저를 감동시켰습니다.

2016. 10. 31. 스웨덴

🌿

저는 매춘부라는 말을 좋아하지 않습니다. 오히려

그녀들은 매춘의 노예입니다.

2016. 10. 31. 스웨덴

🌿

교도소에 들어갈 때마다 저는 "왜 내가 아닌 저들이지?"라고 자문합니다. 우리 모두는 실수 할 수 있습니다.

2016. 11. 6. 바티칸

🌿

잘못을 저지른 사람을 손가락질하는 것이 자신의 모순을 감추기 위한 핑계가 될 수는 없습니다.

2016. 11. 6. 바티칸

세상에서 가장 강력한 제국, 가장 성스러운 건물, 가장 안정적인 현실은 영원히 지속되지 않습니다. 어느 시점에서 그들은 멸망하고 붕괴됩니다.

2016. 11. 13. 바티칸

인생에서 무엇이 남아 있고, 무엇이 가치 있으며, 어떤 재물이 사라지지 않습니까? 주님과 이웃은 사라지지 않습니다.

2016. 11. 13. 바티칸

우리의 양심이 무감각해져서 우리 곁에서 고통받는 동료 인간을 더 이상 인식하지 못하거나, 세상의 심각한 문제에 더 이상 관심을 기울이지 않고 뉴스에서 반복해서 들리는 단순한 구호에 그치는 것은 우려할 일입니다.

2016. 11. 13. 바티칸

🌿

우리의 진정한 보화, 즉 가난한 사람들을 돌보는 것이 우리 임무입니다.

2016. 11. 13. 바티칸

🌿

원수는 내가 사랑해야 하는 존재입니다.

2016. 11. 19. 바티칸

🌿

교회로서 우리는 존엄성을 빼앗긴 수많은 형제자매들의 상처를 항상 눈 뜨고 바라보도록 초대 받습니다.

2016. 11. 19. 바티칸

🌿

우리는 얼마나 자주 십자가에서 내려오고 싶은 유혹을 받습니까? 권력과 성공은 복음을 쉽고 빠르게 전파할 수 있는 매력적인 방법인 것 같아서, 우리는 하느님 나라가 어떻게 작용하는지 금방 잊어버리고 맙니다.

2016. 11. 20. 바티칸

남미 여러 민족에서 혼자 자녀를 부양하는 힘겨운 어머니들을 보면 저는 항상 감동을 받습니다.

2016. 12. 12. 바티칸

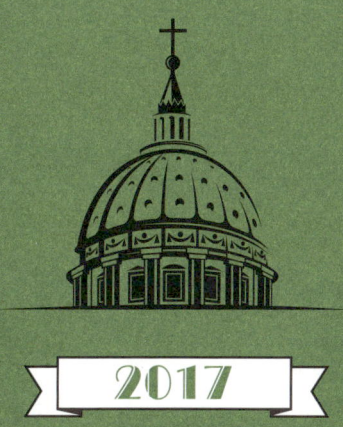

내 자신을 중요하다고 느끼기 위해 다른 사람을 나쁘게 대할 필요는 없습니다.

2017. 1. 1. 바티칸

감옥에 있거나 병상에 지쳐 누워 있거나 마약의 노예가 된 아들의 어머니들에게서 추우나 더우나 비가 오나 가뭄 속에서도 포기하지 않고 최선을 다해 싸우는 어머니들에게서, 난민 수용소나 전쟁 중에도 흔들림 없이 자녀의 고통을 감당하고 그들의 버

팀목이 되어주는 어머니들에게서 저는 많은 것을 배웠습니다.

2017. 1. 1. 바티칸

믿음은 주일 미사에 참석할 때 "사도신경"을 낭송하는 것만으로 이루어지는 것이 아닙니다. 믿음은 진리, 즉 아들을 보내신 하느님 아버지와 우리에게 생명을 주시는 성령을 믿는 것을 의미합니다.

2017. 1. 8. 바티칸

예수님을 하느님이라고 고백하는 그리스도인이 많고, 예수님이 하느님이라고 고백하는 사제가 많고, 주교가 많습니다. 하지만 모두가 예수님을 증거할까요?

2017. 1. 15. 이탈리아

🌿

화해는 분열을 극복하려는 사람들의 인간적 노력이라기보다 하느님께서 주신 과분한 선물입니다. 이 선물의 결과로써 용서와 사랑을 경험한 사람은 말과 행동으로 화해의 복음을 선포하고 화해된 존재로 살아가며 증거하도록 부름 받습니다.

2017. 1. 15. 이탈리아

🌿

우리는 깨지기 쉬운 그릇에 불과하지만, 세상에서 가장 위대한 보물을 우리 안에 품고 있습니다.

2017. 1. 26. 이탈리아

🌿

사순절은 속박에서 자유로, 고통에서 기쁨으로, 죽음에서 생명으로 가는 길입니다.

2017. 3. 1. 이탈리아

🌿

사순절은 기억의 시간입니다. 하느님께서 우리에게 문을 닫으셨다면 우리에게 어떤 일이 일어났을지 생각해 보고, 스스로에게 물어보는 시간입니다. 우리를 지치지 않고 용서하시며 항상 새롭게 시작할 기회를 주시는 그분의 자비가 없다면, 우리는 어떻게 될까요?

2017. 3. 1. 이탈리아

🌿

하느님은 악과 멀리 떨어져 있지만 고통받는 자에게 가까이 계십니다. 그분은 마술처럼 악을 사라지게 하는 것이 아니라, 고통을 함께 나누며, 고통을 당신 것으로 삼고, 그 안에 계시면서 악을 변화시킵니다.

2017. 4. 2. 이탈리아

복음 선포는 오만해서는 안 됩니다. 구체적이고 부드러우며 겸손할 때 복음 선포는 기쁨이 될 것입니다.

2017. 4. 13. 바티칸

온화한 사랑의 힘과 성령의 목소리에 충실하며, 일상에서 형제자매를 돕고 하느님을 무조건 사랑하기 위해 노력하는 숨은 순교자들도 많이 있습니다.

2017. 4. 22. 이탈리아

이탈리아 모든 성당마다 두 명의 난민을 받아들인다면, 모든 난민을 수용할 수 있는 공간이 생길 것입니다.

2017. 4. 22. 이탈리아

🌿

부활은 교회에서 생겨난 믿음이 아니라, 부활에 대한 믿음에서 교회가 생겼습니다.

2017. 4. 29. 이집트

🌿

하느님께 드리는 기도가 동료 인간에 대한 사랑이 되지 않는다면, 기도는 아무 소용 없습니다.

2017. 4. 29. 이집트

🌿

그리스도인에게 허용되는 유일한 극단주의는 이웃 사랑뿐입니다.

2017. 4. 29. 이집트

🌿

친구든 적이든, 모든 사람을 사랑하는 것을 두려워하지 마세요.

2017. 4. 29. 이집트

오늘날 1세기보다 더 많은 순교자가 있으며, 특히 중동 지역에서 더 많은 순교자가 있습니다.

2017. 4. 29. 이집트

너무 지적이고 복잡한 설교를 하지는 마세요. 소박한 방식으로, 마음에 와 닿는 방식으로 말씀하세요.

2017. 5. 7. 바티칸

삶의 모범이 없는 설교는 효과 없습니다.

2017. 5. 7. 바티칸

신학을 많이 공부하고 학위를 하나, 둘, 셋 가지고 있지만 그리스도의 십자가를 지는 법을 배우지 않은 사제는 무능합니다. 좋은 학자, 좋은 교수는 될 수 있지만, 좋은 사제는 될 수 없습니다.

2017. 5. 7. 바티칸

성직자주의가 없어져야 합니다. 성직자주의는 교회에 만연한 전염병입니다.

2017. 5. 13. 포르투갈

세례 받은 평신도는 선교사가 되어야 합니다. 사제, 수도자, 주교 모두 마찬가지입니다.

2017. 5. 21. 이탈리아

저에게 찾아와 조언을 구하는 사람들의 말을 얼마나 자주 들어주었나요? 저는 침묵을 지키고 그들이 말하도록 내버려 두었습니다. 그러자 그들은 "네, 맞아요, 신부님 말씀이 맞아요"라고 말하더군요.

저는 아무 말도 하지 않았거든요.

2017. 5. 21. 이탈리아

가난한 사람들은 교회의 보물입니다.

2017. 5. 21. 이탈리아

교회·본당·단체가 가난한 사람들을 잊어 버린다면, 성체 성사를 잘못 거행하거나 실제로 거행하지 못한다고 저는 말하고 싶습니다.

2017. 5. 21. 이탈리아

가난은 십자가이지만, 예수님은 가난하게 사셨습니다. 예수님은 가난했습니다. 예수님은 가난한 사람의 삶을 사셨지만, 대부분 가난했던 최초의 그리스도인들은 예수님을 믿고 따랐습니다.

2017. 5. 21. 이탈리아

🌿

악마는 언제나 지갑속으로 들어옵니다.

2017. 5. 21. 이탈리아

🌿

자신의 재산이 자신을 위한 것이 아니라 나눠주고, 관리하기 위한 것임을 이해하지 못하는 부자들을 위해 우리 기도합시다. 그들이 재산을 관리하지 않으면 마귀가 관리할 것입니다.

2017. 5. 21. 이탈리아

🌿

주님과 함께 세상으로 나아가는 것, 그것이 우리의 정체성입니다.

2017. 5. 27. 이탈리아

🌿

예수님은 수난 중에 자신을 버리고 부인했던 제자

들을 정죄하지 않으시고 그들에게 용서의 마음을 주셨습니다.

2017. 6. 4. 바티칸

교회는 용서 없이 세워질 수 없습니다.

2017. 6. 4. 바티칸

성체성사는 '나'를 위한 성사가 아니라 하느님을 믿는 거룩한 백성, 즉 한 몸을 이루는 많은 이들의 성사입니다.

2017. 6. 18. 이탈리아

그분은 여러분을 교회에서 "왕자"가 되라고, "그분의 오른편이나 왼편에 앉으라"라고 부르신 것이 아닙니다. 그분은 여러분을 그분처럼, 그분과 함께,

아버지와 형제들을 섬기라고 부르셨습니다.

2017. 6. 29. 바티칸

🌿

자신의 삶에서 주님이신 예수님을 고백하지 않는다면, 사도신경을 아는 것은 소용 없습니다.

2017. 6. 29. 바티칸

🌿

십자가 없는 그리스도는 존재하지 않으며, 십자가 없는 그리스도인도 존재하지 않습니다.

2017. 6. 29. 바티칸

🌿

가부장적이고 우월주의적인 태도가 여전히 남아 있는 사회에서, 앞장서서 역사를 만들어온 여성을 복음은 강조하며 시작합니다.

2017. 9. 8. 콜롬비아

🌿

선한 사람 한 명만 있어도 희망은 생깁니다.

2017. 9. 8. 콜롬비아

🌿

우리는 끊임없이 "출입 금지" 팻말을 드는 그리스도인이 되어서는 안 됩니다. 또한 교회라는 공간이 내 소유라고 생각해서는 안 됩니다.

2017. 9. 9. 콜롬비아

🌿

반드시 정의가 실현되고, 피해자들이 진실을 알 수 있으며, 피해가 정당하게 복구되고, 그러한 잘못의 반복을 막기 위한 명확한 조치가 취해지는 사례를 역사의 깊은 상처는 필요로 합니다.

2017. 9. 10. 콜롬비아

🌿

우리 그리스도인들은 죽음과 폭력의 문화에 생명과 만남의 문화로 대응해야 합니다.

2017. 9. 10. 콜롬비아

🌿

모든 곳에 죽음을 심고 수많은 희망을 앗아가고 수많은 가정을 파괴하는 마약 밀매를 끝장낼 방법을 찾아달라고 저는 호소합니다.

2017. 9. 10. 콜롬비아

🌿

누군가 "나는 하느님을 찾았다"라고 말한다면, 그것은 잘못된 것입니다. 결국 당신을 발견하고 그분께 인도하신 분은 하느님이십니다.

2017. 9. 24. 바티칸

🌿

가장 큰 죄는 하느님이 항상 나를 기다리고 계신다는 사실을 이해하지 못하고 그 사랑을 믿지 않는 것, 즉 하느님의 사랑을 불신하는 것이라고 저는 생각합니다.

2017. 9. 24. 바티칸

🌿

성체성사부터 가난한 사람들에게까지, 우리는 예수님을 만나러 가고 싶습니다.

2017. 10. 1. 이탈리아

🌿

우리가 하늘의 빵을 나눈다면 어찌 땅의 빵도 나누지 않을 수 있겠습니까?

2017. 10. 1. 이탈리아

누구도 다른 사람보다 우대 받는 사람은 없지만, 하느님 앞에서는 모두 우대 받습니다.

2017. 10. 15. 바티칸

그리스도인의 기본 특징은 하느님과 마지막 만남에 대한 열망입니다.

2017. 11. 3. 바티칸

자선을 하지 않는 것은 가난한 사람들에게 저지르는 큰 죄악입니다.

2017. 11. 19. 바티칸

하느님은 우리가 정당하게 분노했는지 묻지 않으시고, 선을 행했는지 물으실 것입니다.

2017. 11. 19. 바티칸

🌿

가난한 사람을 사랑한다는 것은 영적, 물질적 필요를 포함한 모든 빈곤에 맞서 싸우는 것을 의미합니다.

2017. 11. 19. 바티칸

🌿

저는 순례자로서 여러분의 이야기를 듣고 배우며 희망과 위로의 말을 전하기 위해 이곳에 왔습니다.

2017. 11. 29. 미얀마

🌿

가난한 사람들을 잊지 마세요!

2017. 12. 1. 방글라데시

🌿

자선이란 불의를 당연한 듯 받아들이는 것이 아니라, 긴장과 갈등 속에서 '빵의 집'이 되어 환대의 공간이 될 수 있는 용기를 갖는 일입니다.

2017. 12. 24. 바티칸

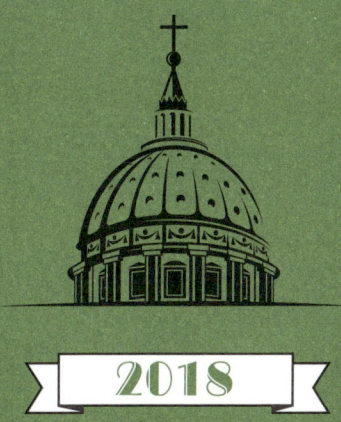

🌿

오랫동안 믿어온 사람들은 믿음에 대해 이미 알고 있는 것으로만 이야기하고 주님께 개인적으로 봉헌하지 않는 유혹에 빠질 수 있습니다.

2017. 1. 6. 바티칸

🌿

기도할 때 아이들처럼 소박하게 기도하세요.

2017. 1. 7. 이탈리아

🌿

우리는 모두 유일하고 반복될 수 없는 존재로 창조되었고, 서로 다르며, 역사에서 고유한 역할을 하고 있습니다.

2018. 1. 14. 바티칸

🌿

다른 사람들과 만남, 외부인과 만남, 이웃과 만남은 주님을 만날 수 있는 우선적인 기회이기 때문에 이를 포기하는 것은 죄입니다.

2018. 1. 14. 바티칸

🌿

예수님을 감동시킨 것은 사상이나 개념이 아니라 사람들의 얼굴이었습니다.

2018. 1. 16. 칠레

🌿

나쁜 행동을 하지 않는 것은 매우 좋지만, 좋은 일을 하지 않는 것은 아주 나쁩니다.

2018. 1. 16. 칠레

🌿

극복해야 할 주요 유혹 중 하나는 일치와 획일성을 혼동하는 것입니다.

2018. 1. 17. 칠레

🌿

많은 형제자매들에게서 축제의 기쁨을 앗아가는 모든 불의한 상황과 새로운 형태의 착취에 주의를 기울입시다. 많은 생명과 가정을 파괴하는 불안전한 노동 조건에 주의를 기울입시다.

2018. 1. 20. 페루

사랑할 수 있는 능력은 하느님의 선물입니다.

2018. 1. 21. 페루

가난한 사람들을 위한 기도가 여러분 기도의 특징이 되길 바랍니다.

2018. 1. 21. 페루

먼지 자욱한 역사의 길 한복판에서 주님은 여러분을 만나러 오십니다.

2018. 1. 21. 페루

예수님은 제자들과 함께 도시를 다니며, 무관심 아래 쓰러진 사람들과 부패라는 중죄에 돌 맞은 사람들을 보고, 듣고, 관심을 기울이기 시작합니다.

2018. 1. 21. 페루

21세기의 성인이 되는 것을 두려워하지 마십시오.

2018. 1. 21. 페루

다른 전통을 가진 그리스도인의 세례를 우리가 인정한다고 말할 때, 그들도 주님에게 용서 받았으며 주님 은혜가 그들 안에 역사하고 있음을 우리는 고백합니다. 그들의 예배를 하느님께서 행하시는 일에 대한 진정한 찬양의 표현으로 우리는 받아들입니다.

2018. 1. 25. 이탈리아

뿌리 없는 성장 없고 새싹 없는 꽃은 피지 않듯이, 노년과 젊은이의 만남 없이 미래도 없습니다. 기억 없이 예언하지 말고, 예언 없이 기억하지 마십시오. 언제나 만나십시오.

2018. 2. 2. 바티칸

🌿

형제자매들의 눈보다 휴대폰 화면을 더 쳐다보거나 주님보다 자신의 계획에 더 집착하는 일이 생기지 않기를 저는 바랍니다.

2018. 2. 2. 바티칸

🌿

믿음의 열매가 사랑이라면, 불신의 열매는 무관심과 체념입니다. 불신, 무관심, 체념은 하느님의 신실한 백성들의 영혼을 썩게 하고 마비시키는 악마들입니다.

2018. 2. 14. 이탈리아

🌿

죄는 우리가 하느님을 외면하는 방식입니다. 그러나 하느님이 우리를 외면한다는 뜻은 아닙니다.

2018. 2. 19. 바티칸

많은 사람들이 예수님에 대해 즐겨 말하지만, 예수님을 본받는 사람은 얼마나 될까요?

2018. 3. 17. 이탈리아

십자가를 바라봄은 우리의 우선 순위와 결정, 행동에 의문을 제기하는 것을 말합니다.

2018. 3. 25. 바티칸

젊은이들의 말문을 막는 것은 항상 있어온 유혹입니다.

2018. 3. 25. 바티칸

사제가 기도에서 하느님과 얼마나 가까웠는지, 일상 생활에서 신도들과 얼마나 가까웠는지, 설교는 드러냅니다.

2018. 3. 29. 바티칸

모든 처벌은 희망에 열려 있어야 합니다. 그래서 사형은 인간적이지 않고 그리스도적이지 않습니다.

2018. 3. 29. 이탈리아

특별한 은사의 소유자인 것처럼 처신하는 들뜬 사제는 되지 마십시오.

2018. 4. 10. 바티칸

가장 도움이 필요한 사람들이 교회의 중심이자 복음의 중심에 있습니다.

2018. 4. 15. 이탈리아

겸손은 부끄러워하거나 비굴하게 처신하는 것이 아니라, 하느님께 자신을 맡기고 비우는 것을 뜻합니다.

2018. 4. 20. 이탈리아

주님의 말씀을 읽고 묵상하며, 읽은 것을 믿고, 믿는 것을 가르치며, 가르친 것을 실천하세요.

2018. 4. 22. 바티칸

"방바닥에 앉아 자녀와 함께 무언가 할 시간 있나요?" 그 시간을 놓치면 안 됩니다.

2018. 5. 6. 이탈리아

사랑의 핵심은 가족입니다. 가족 안에서 배우지 못

한 것은 가족 밖에서 배우기 어려울 것입니다.

2018. 5. 6. 이탈리아

🌿

단어나 논쟁으로 복음을 설교하진 않습니다. 친밀감, 증거, 일관성을 가지고 설교해야 합니다.

2018. 5. 6. 이탈리아

🌿

부모님을 위해 기도하세요. 부모님은 여러분을 위해 기도하시지만, 여러분은 부모님 위해 기도하시나요?

2018. 5. 6. 이탈리아

🌿

사랑은 말이 아닌 행동에 있습니다.

2018. 5. 6. 이탈리아

🌿

다른 사람에 대해 험담하고 싶은 마음이 들면, 혀를 깨물어 보세요! 혀는 부풀어 오르지만, 더 이상 나쁘게 말하지는 못할 것입니다.

2018. 5. 6. 이탈리아

🌿

제가 어렸을 때, 집에서 빵이 식탁에서 떨어지면 바로 주워서 입맞춤하도록 배웠습니다.

2018. 6. 21. 스위스

🌿

3차 세계대전이 일어난다면 어떤 무기로 싸울지 알 수 있지만, 4차 세계대전이 일어난다면 인류가 멸망할 것이기 때문에 막대기로 싸울 것입니다

2018. 6. 21. 스위스

교회 일치 운동에서 개종 단어를 사전에서 삭제해야 합니다. 개종과 교회 일치 운동은 함께 있을 수 없습니다. 교회 일치 정신을 가지고 있거나 '개종' 중 하나를 선택해야 합니다.

2018. 6. 21. 스위스

자신의 내면이 썩어 있다면, 온 세상을 얻는다 해도 무슨 소용 있을까요?

2018. 6. 28. 바티칸

예수님은 십자가에서 고개 숙이기 전에 제자들 앞에 엎드려 발 씻기는 것을 두려워하지 않으셨습니다.

2018. 6. 28. 바티칸

🌿

우리 중 누구도 자신이 "더 낫다" 생각하면 안 됩니다. 우리 중 누구도 다른 사람을 무시하면 안 됩니다. 오직 다른 사람을 돕기 위해 그 사람을 바라보아야 합니다.

2018. 6. 28. 바티칸

🌿

주님을 섬기려면 먼지가 많은 역사의 길을 떠나야 한다는 생각은 잘못입니다.

2018. 6. 29. 바티칸

🌿

아일랜드에서 일어난 권력 남용과 양심 남용, 성직자들이 저지른 성적 학대에 대해 우리는 용서를 구합니다. 특히 수도자 및 교회 구성원들이 운영하는 다양한 기관에서 자행된 모든 학대에 대해 용서를 구합니다. 수많은 미성년자들이 당한 노동 착취에 대해서도 용서를 구합니다. 이러한 고통스러운 상황에 대해 관심을 갖지 않고 침묵으로 일관한 교회 구성원들의 잘못에 대해서도 저는 용서를 청합니다.

2018. 8. 26. 아일랜드

동성애 성향을 가진 자녀에게 부모가 침묵을 지키는 것이 올바른 치료법이라고 저는 말하지 않을 것입니다. 동성애 성향을 가진 아들이나 딸을 무시하는 것은 부성애와 모성애가 부족한 탓입니다.

2018. 8. 26. 아일랜드

동성애 성향을 가진 아들과 딸은 가족을 가질 권리가 있으며 가족은 그들의 가족입니다. 그들을 가족에서 몰아내지 마세요.

2018. 8. 26. 아일랜드

🌿

선택해야 합니다. 사랑입니까 이기심입니까.

2018. 9. 15. 이탈리아

🌿

돈과 권력은 사람을 해방시키는 것이 아니라 사람을 노예로 만듭니다.

2018. 9. 15. 이탈리아

🌿

가장 큰 외침은 기도입니다.

2018. 9. 15. 이탈리아

🌿

불의에 맞서기 위해 아무 것도 하지 않는 사람은 의로운 인간이 아닙니다.

2018. 9. 15. 이탈리아

하느님을 믿으면서 형제자매를 억압할 수는 없습니다.

2018. 9. 15. 이탈리아

마피아에 속한 사람은 누구든지 그리스도인으로 살지 않습니다. 저는 마피아들에게 말합니다. 형제자매 여러분, 회개하십시오.

2018. 9. 15. 이탈리아

교회가 여러분을 위해 무언가 해줄 때까지 기다리지 말고, 당신부터 시작하세요. 사회가 여러분을 위해 무엇을 해줄 때까지 기다리지 말고, 당신부터 시작하세요.

2018. 9. 15. 이탈리아

🌿

백성의 목소리에 귀 기울이십시오. 그것이 유일한 그리스도교적인 포퓰리즘입니다.

2018. 9. 15. 이탈리아

🌿

그리스도 제자들의 마음을 울리지 않는 진정한 인간적인 것은 없습니다.

2018. 9. 23. 리투아니아

🌿

소비주의, 개인주의, 권력이나 지배에 대한 갈망의 노예가 되기 위해 자유를 얻은 것은 아닙니다.

2018. 9. 25. 에스토니아

🌿

우리는 거룩함이 일부 사람들에게만 해당한다는 유혹에 빠지기 쉽습니다.

2018. 9. 25. 에스토니아

🌿

정부가 독재가 되거나 독재 되기를 원할 때, 가장 먼저 하는 일은 언론을 장악하는 것입니다.

2018. 9. 25. 에스토니아

🌿

소년이나 소녀를 학대한 신부가 한 명뿐이었다 하더라도, 그것은 끔찍한 일이었을 것입니다.

2018. 9. 25. 에스토니아

🌿

바티칸이 교회 국가였을 때 사형 제도가 있었습니다. 마지막 사형 집행은 1870년에 이루어졌습니다.

2018. 9. 25. 에스토니아

🌿

희망은 우리에게 도전을 주고, 우리를 흔들어 깨우며, "항상 그래 왔어"라는 순응주의를 무너뜨리고,

일어서서 젊은이들의 얼굴을 똑바로 바라보고 그들이 처한 상황을 볼 것을 요구합니다.

2018. 10. 3. 바티칸

🌿

돈이 중심 되는 곳에는 하느님이 계실 자리가 없고 사람이 있을 자리가 없습니다.

2018. 10. 14. 바티칸

🌿

우리는 예수를 20퍼센트, 50퍼센트, 60퍼센트 사랑할 수 없습니다. 전부 아니면 없습니다.

2018. 10. 14. 바티칸

🌿

사랑의 진전이 없다면, 우리의 삶과 교회는 "자기중심적 안일함"으로 병들 것입니다.

2018. 10. 14. 바티칸

로메로 주교는 복음을 따라 자신의 삶을 내려놓기 위해 세상의 안위, 심지어 자신의 안전마저 포기한 사람입니다. 그는 가난한 사람들과 가까이 지냈습니다.

2018. 10. 14. 바티칸

어른들을 대신해서 나는 젊은이들에게 말하고 싶습니다. 우리가 종종 여러분의 말에 귀 기울이지 않았다면, 여러분에게 마음을 열기는커녕 귀를 막았다면, 사과드립니다.

2018. 11. 2 이탈리아

기억은 우리가 혼자가 아니라는 사실을 깨닫게 해줍니다. 우리는 하나의 민족, 역사를 가진 민족입니다.

2018. 11. 2. 이탈리아

불은 타야 빛을 발합니다. 생명도 마찬가지입니다. 생명은 소모될 때만 빛을 발산하고 봉사하는 과정에서 스스로를 소모합니다.

2018. 11. 3. 바티칸

폭풍우 치는 바다에 사는 가난한 사람들의 외침을 들을 수 있는 은혜를 구합시다.

2018. 11. 18. 바티칸

구유를 바라볼 때 우리는 생명을 키우는 것은 소유가 아니라 사랑이고, 탐욕이 아니라 자선이며, 보이는 풍요가 아니라 보존되는 소박함이라는 사실을 이해하게 됩니다.

2018. 12. 24. 바티칸

저는 특히 집 없는 많은 사람들을 생각합니다.

2018. 12. 31. 바티칸

🌿

하느님은 인간을 믿으십니다.

2019. 1. 1. 바티칸

🌿

교회로서 우리는 우리 자신의 빛으로 빛을 발하려고 얼마나 많이 노력해 왔습니까! 그러나 우리는 인류의 태양이 아닙니다. 그림자가 있더라도, 교회는 참 빛이신 주님을 비추는 달입니다. 교회는 신비로운 달이고 주님은 세상의 빛이십니다. 우리가 아니라 그분입니다.

2019. 1. 6. 바티칸

아이들 앞에서 절대 다투지 마세요.

2019. 1. 13. 바티칸

모세 율법의 지혜, 즉 재산을 나누지 않으면 사회는 분열된다는 사실을 우리는 잊고 있습니다.

2019. 1. 18. 바티칸

주님께서 다른 형제자매들에게 주신 은사를 평가 절하하거나 경멸하고, 그들이 어떤 식으로든 하느님 은혜를 덜 받았다고 생각하는 것은 중대한 죄입니다.

2019. 1. 18. 바티칸

예수님은 세리와 죄인들과 함께 식사 함으로써 '선

과 악'을 분리하고, 배제하고, 고립시키고, 잘못된 방식으로 선악을 구분하는 논리를 깨뜨리셨습니다.

2019. 1. 25. 파나마

사람들이 우리를 부르는 호칭보다, 우리에게 붙이는 형용사보다, 우리에게 내려진 판단보다, 우리는 훨씬 더 중요한 존재입니다.

2019. 1. 25. 파나마

오늘도 삶은 계속되기 때문에 젊은이 여러분은 자신의 자리를 지키기 위해 오늘도 싸워야 합니다.

2019. 1. 27. 파나마

교육은 라틴어 'e-ducere'에서 유래한 것으로, 사람의 잠재력을 최대한 끌어내고 그 여정에 동행한다는 의미입니다.

2019. 1. 27. 파나마

﹆

젊은이들이 교회에서 멀어지는 첫째 이유는 그리스도인, 사제, 주교의 증거가 부족하기 때문입니다.

2019. 1. 27. 파나마

﹆

자신이 완벽하다고 생각하는 가톨릭 신자들이 저는 두렵습니다.

2019. 1. 27. 파나마

﹆

아무리 큰 은사도 질서 있는 삶 없이 열매 맺지 못합니다. 아무리 좋은 규칙도 정신의 새로움 없이 충분하지 않습니다.

2019. 2. 2. 바티칸

기록된 악보와 연주된 음악 사이에 차이가 있는 것처럼, 기록된 복음과 실천하는 믿음 사이에 차이가 있습니다.

2019. 2. 5. 아랍에미리트

작은 역사는 없습니다. 모든 역사는 위대하며 설명할 가치가 있습니다.

2019. 2. 5. 아랍에미리트

이슬람은 폐쇄적이지 아니하고 열려 있으며, 대화할 준비가 되어 있고, 형제애와 평화를 사랑합니다.

2019. 2. 5. 아랍에미리트

역사학자들은 제2차 바티칸 공의회가 교회에 뿌리

내리는 데 100년 걸린다고 말합니다. 겨우 절반 왔습니다.

2019. 2. 5. 아랍에미리트

🌿

색깔에 상관없이 선에 이르는 모든 과정은 함께 합니다. 그것이 진보입니다.

2019. 2. 5. 아랍에미리트

🌿

인간은 아직 성숙하지 않아서 여성을 여전히 2등급 인간으로 취급하고 있다고 저는 생각합니다.

2019. 2. 5. 아랍에미리트

🌿

성직자나 창설자가 수녀들을 성적으로 세뇌시키고 심지어 착취하는 일이 있었기 때문에, 베네딕토 16세 교황은 큰 규모의 수녀회를 해산시키기도 했습니다.

2019. 2. 5. 아랍에미리트

🌿

독재자의 폭력은 시민에게 주는 공포를 바탕으로 성장합니다.

2019. 2. 15. 이탈리아

🌿

오늘 우리가 누리는 자유가 300년 전에 있었습니까? 우리 그리스도인들은 생각해 봅시다.

2019. 3. 31. 모로코

🌿

역사에서 배웁시다.

2019. 3. 31. 모로코

🌿

그렇게 너그럽다는 유럽이 어린이를 죽이는 무기를 예멘에 판매한다면, 어떻게 유럽이 너그러움을 유지할 수 있습니까?

2019. 3. 31. 모로코

🌿

모든 사람은 자신의 종교를 실천할 권리와 존중받을 권리가 있습니다.

2019. 5. 7. 북마케도니아

🌿

"성과 이데올로기" 유혹, 즉 교회가 모든 것을 통제하고, 큰 변화없이 살고, 체계적인 과제를 가지고, 모든 것이 해결되면 잘하고 있다고 생각하는 유혹이 우리에게 있습니다. 성과주의 유혹입니다. 그러나 주님은 이런 식으로 진행하지 않으십니다.

2019. 5. 23. 바티칸

🌿

모든 사람들, 특히 작고 지극히 작은 자의 목소리를 듣는 것은 항상 중요합니다. 세상에서 더 많은 자원을 가진 사람들은 더 큰 소리로 말하지만, 하느님은 작은 자들과 지극히 작은 자들을 통해 자신을 드러내기 좋아하시기에, 우리 사이에서 그렇지 않아야 합니다. 누구도 위에서 내려다보지 말라고 하느님은 우리에게 당부하십니다.

2019. 5. 23. 바티칸

🌿

성체가 고정된 감실이라면, 가난한 사람들은 움직이는 감실입니다.

2019. 5. 23. 바티칸

🌿

오늘도 교묘하게 권력을 장악하고 동료 시민들을 풍부한 문화적, 종교적 전통에서 소외시키려는 새로운 이데올로기가 등장하고 있습니다. 이것은 인간, 생명, 결혼, 가족의 가치를 경멸하는 이데올로기적 식민지입니다.

2019. 6. 2. 루마니아

하느님은 아버지이자 어머니입니다.

2019. 6. 8. 바티칸

우리 자신이 부활한 사람처럼 살지 않다면, 부활하신 분이 살아계신다는 것을 아는 지식은 아무 소용없습니다.

2019. 6. 9. 바티칸

성령 없는 그리스도교는 기쁨 없는 도덕주의요, 성령 있는 그리스도교는 생명입니다.

2019. 6. 9. 바티칸

🌿

인생 전체가 죽는 법을 배우는 과정입니다.

2019. 6. 15. 바티칸

🌿

나쁜 기억에서 벗어난다는 것은 얼마나 어려운가요! 하느님께서 이스라엘을 이집트에서 해방시키는 것이 이스라엘의 마음을 이집트에서 해방시키는 것보다 더 쉬웠다는 말이 있습니다.

2019. 6. 16. 이탈리아

🌿

삼위일체는 신학 수수께끼가 아니라 하느님의 친밀하심이라는 놀라운 신비입니다.

2019. 6. 16. 이탈리아

🌿

누구나 자기 문제가 해결될 때까지 기다리지 않고

도 누군가를 위로할 수 있습니다. 저는 제 십자가를 지고 있을 때에도 다른 사람을 위로하기 위해 더 가까이 다가가려고 노력합니다.

2019. 6. 16. 이탈리아

주님의 축복을 받는다는 확신을 가지고 미사에 참여합시다. 그래서 우리도 세상에 선의 통로가 되어 세상에 축복하러 나아갑시다.

2019. 6. 23. 이탈리아

예수님의 동사는 '가지다'가 아니라 '주다'입니다.

2019. 6. 23. 이탈리아

스스로 의롭다고 믿는 사람들에게 주님은 기적을 행하지 않으시고, 자신에게 부족한 것이 있다는 것을 아는 사람들에게 기적을 행하십니다.

2019. 6. 29. 바티칸

바울은 편지에서 그리스도 호칭을 거의 400번 반복합니다! 그에게 그리스도는 단순한 모델, 모범, 기준이 아니라 생명 자체입니다.

2019. 6. 29. 바티칸

그저 그렇게 살면서 사랑이 식어가는 미지근한 그리스도인이 되지 않도록 은혜를 구합시다.

2019. 6. 29. 바티칸

오늘날 가난에는 여러 유형이 있습니다.

2019. 7. 8. 바티칸

🌿

오랜 세월의 불화로 인한 상처가 여전히 있는 상태에서 희생자들에게 고통을 잊으라고 요구하거나, 희생자들의 기억과 생각을 포기하도록 요구한다면, 화해에 대해 말하기 어렵습니다.

2019. 9. 6. 모잠비크

🌿

세속적인 생각이 떠오르면, 방문을 닫고 세상을 구하는 작은 사랑의 실천을 떠올려 보세요. 작은 사랑들이 세상을 구원합니다.

2019. 9. 7. 마다가스카르

🌿

수도원은 세상의 고통, 동료 인간의 고통을 겪은 사람들이 언제나 찾아오는 곳입니다.

2019. 9. 7. 마다가스카르

🌿

고통과 착취, 절망에 사로잡혀 여러분을 찾아오는 주변 사람들의 외침과 비참함에 귀 기울이세요.

2019. 9. 7. 마다가스카르

🌿

믿음은 가난한 사람들이 소유한 가장 큰 재산입니다.

2019. 9. 7. 마다가스카르

🌿

나만을 위한 삶은 최악의 노예 형태 중 하나입니다. 자기만의 작은 세계에 자신을 가두려는 유혹이며, 다른 사람들을 위한 공간을 거의 남겨두지 않습니다.

2019. 9. 8. 마다가스카르

🌿

행복선언은 그리스도인의 신분증 같습니다. "어떻게 하면 좋은 그리스도인이 될 수 있을까요?" 스스로에게 질문 한다면, 답은 간단합니다. 모든 사람이 예수님이 말씀하신 것을 각자 방식으로 행복선언을 실천해야 합니다.

2019. 9. 9. 모리셔스

전쟁을 통해 모든 것을 잃고, 평화를 통해 모든 것을 얻습니다.

2019. 9. 10. 모리셔스

"부족주의는 안 돼!"라고 말해야 합니다. 그것은 일종의 폐쇄적 사고이며 외국인 혐오증입니다.

2019. 9. 10. 모리셔스

종교적인 존중이 중요하기 때문에 저는 선교사들에게 "개종을 시도하지 마세요"라고 말합니다.

2019. 9. 10. 모리셔스

🌿

복음 선포는 증거에 뒤따릅니다. 먼저 크리스천으로 사십시오. 그러다 사람들이 물어보면 선포하십시오.

2019. 9. 10. 모리셔스

🌿

언론을 전쟁 수단으로 악용해서는 안 됩니다.

2019. 9. 10. 모리셔스

🌿

아프리카는 반드시 착취해야 한다는 집단 무의식에서 인류를 해방시켜야 합니다.

2019. 9. 10. 모리셔스

🌿

생물 다양성과 환경 보호를 위한 위대한 싸움을 젊은이들이 주도하고 있다는 사실에 저는 희망을 가집니다.

2019. 9. 10. 모리셔스

🌿

불법 저임금 노동력 착취는 아프리카 사람들이 만든 것이 아니라 유럽 사는 우리가 만들었습니다.

2019. 9. 10. 모리셔스

🌿

때때로 주님은 개입하시고 은혜를 주시지만, 우리 길의 책임자는 우리입니다.

2019. 9. 28. 바티칸

🌿

자선을 실천하는 동시에 차별의 원인이 되는 불의, 특히 많은 사람들에게 피해를 끼치는 소수의 특권에 대해 생각하도록 주님은 우리에게 요청하십니다.

2019. 9. 29. 바티칸

🌿

오늘날 번영 문화는 우리 자신만 생각하게 만들고, 타인의 외침에 무감각하게 만들며, 타인에 대한 무관심, 즉 무관심의 세계화로 이어집니다.

2019. 9. 29. 바티칸

🌿

그리스도인으로서 우리는 우리 집단에 속하지 않는 사람들에 대한 가장 어두운 형태의 외로움, 경멸, 차별과 새로운 형태의 빈곤에 대해 무관심할 수 없습니다.

2019. 9. 29. 바티칸

🌿

이웃을 내 몸 같이 사랑한다는 말은 모든 사람이 지구의 재화에 접근할 수 있고, 개인과 가족으로서 자아 실현할 기회를 가지며, 모든 사람에게 기본권과 존엄성이 보장되는 보다 정의로운 세상을 만들기 위해 진지하게 노력한다는 의미입니다.

2019. 9. 29. 바티칸

🌿

하느님은 왜 두려워하던 종에게 그렇게 엄격하셨을까요? 그가 무슨 악을 행했나요? 그가 선을 행하지 않았고 게으름 때문에 죄를 지었다는 사실 때문입니다.

2019. 10. 1. 바티칸

🌿

교회가 밖으로 나가지 않으면 교회가 아닙니다. 교회는 거리에 있어야 하고, 교회는 앞으로 나아가야 합니다.

2019. 10. 1. 바티칸

🌿

아무도 이해하지 못하는 세속적인 이야기 말고, 참

된 말씀을 선포하세요.

2019. 10. 4. 바티칸

하느님의 백성을 잊지 마세요.

2019. 10. 4. 바티칸

측은지심은 복음의 핵심 단어입니다.

2019. 10. 5. 바티칸

내가 하느님의 자비를 받았다고 느끼지 못한다면, 하느님의 사랑을 이해하지 못하는 것입니다.

2019. 10. 5. 바티칸

복음 선포 대신 식민지 침탈이 얼마나 자주 일어났

던가요.

2019. 10. 6. 바티칸

🌿

우리 자신과 삶과 미래에 대한 불신과 두려움 때문에 우리를 노예로 만드는 도박, 돈, 텔레비전, 휴대폰, 타인에 대한 판단 등 많은 폐쇄성과 중독, 악습에서 우리는 치유되어야 합니다.

2019. 10. 13. 바티칸

🌿

기도는 믿음의 문이고, 기도는 마음의 약입니다.

2019. 10. 13. 바티칸

🌿

수도원 생활은 실존의 변두리에 있는 사랑의 길입니다.

2019. 10. 13. 바티칸

🌿

우리가 정직하다면, 우리 내면에서 세리와 바리새인의 모습을 볼 수 있습니다.

2019. 10. 27. 바티칸

🌿

교회 안에서도 가난한 이들의 목소리가 들리지 않거나, 심지어 불편하다는 이유로 조롱당하거나, 침묵하는 경우가 얼마나 많습니까.

2019. 10. 27. 바티칸

🌿

우리는 죽기 위해 태어난 것이 아니라 부활하기 위해 태어났습니다.

2019. 11. 4. 바티칸

🌿

중요한 결정을 하느님 앞에서 내리고 있습니까?

2019. 11. 4. 바티칸

지나가는 구름을 쫓는 사람은 하늘을 보지 못합니다.

2019. 11. 17. 바티칸

그리스도인으로서 적어도 한 명의 가난한 사람을 친구로 두고 있습니까?

2019. 11. 17. 바티칸

가난한 사람들이 하느님의 마음속에 차지하는 그 자리가 우리 마음속에도 있다면 얼마나 좋을까요!

2019. 11. 17. 바티칸

가난한 사람들은 우리가 천국에 쉽게 다가가도록 도와줍니다.

2019. 11. 17. 바티칸

🌿

항상 너무 서두르는 서양 사회가 잠시 멈추어 서서 시적으로 사물을 바라볼 수 있는 관조와 여유를 배운다면 큰 도움이 될 것입니다.

2019. 11. 26. 일본

🌿

창조세계의 보존 주제는 지금 아니면 다시는 다루지 못할 것입니다.

2019. 11. 26. 일본

🌿

평화를 말하면서 무기로 먹고 사는 유럽 국가들, 즉 '배웠다는 유럽' 국가들은 위선자입니다.

2019. 11. 26. 일본

🌿

인류는 악으로도 발전했고 선으로도 발전했습니다.

2019. 11. 26. 일본

소비주의는 믿음의 근원을 공격하는 바이러스입니다. 삶은 오직 내 소유에 달려 있다고 생각하게 만들고, 그래서 내게 찾아오시는 하느님과 이웃 사람들을 잊어버리게 만들기 때문입니다.

2019. 12. 1. 바티칸

취미 생활로 시간을 낭비하는 사람들에게는 하느님과 이웃을 위한 시간은 없습니다.

2019. 12. 1. 바티칸

세상은 치명적인 무기로 가득 차 있고, 우리 마음이 점점 더 분노로 무장하고 있다는 사실조차 우리는 깨닫지 못하고 있습니다.

2019. 12. 1. 바티칸

기도와 사랑은 시간 낭비가 아니라 가장 큰 보물입니다.

2019. 12. 1. 바티칸

전쟁에 복무하는 경제에서 평화에 기여하는 경제로 전환해야 합니다.

2019. 12. 1. 바티칸

하느님께서 최악의 상황에서도 모든 사람을 계속 사랑하신다는 사실을 크리스마스는 우리에게 기억시켜 줍니다.

2019. 12. 24. 바티칸

우리가 하느님을 찾기 전에, 먼저 우리를 찾으시는

하느님께 우리 자신을 맡겨 봅시다. 우리 능력이 아니라 하느님 은혜에 의지합시다.

2019. 12. 24. 바티칸

🌿

이웃에게 선을 행하기 위해 이웃이 의로워지기를 기다리지 말고, 교회를 사랑하기 위해 교회가 완전해지기를 기다리지 말고, 우리가 다른 사람에게 봉사하기 위해 다른 사람들이 우리를 존중해 주기를 기다리지 맙시다. 우리가 시작합시다.

2019. 12. 24. 바티칸

🌿

성경의 예언자들은 하느님의 존재를 성전에만 묶어두려는 유혹에 대해 경고합니다. 하느님은 당신 백성들 가운데 계십니다.

2019. 12. 31. 바티칸

🌿

여성은 평화의 제공자이자 중재자이며, 그래서 의사 결정 과정에 전적으로 참여해야 합니다.

2020. 1. 1. 바티칸

🌿

교회를 구조, 프로그램, 흐름의 관점에서 바라보거나 이념적 기능적 관점에서 본다면 교회를 이해하지 못합니다. 그러면 교회를 조금 이해하게 되지만, 교회의 본질을 우리는 이해하지 못합니다.

2020. 1. 1. 바티칸

우리가 하느님을 섬기는 것이 아니라 하느님이 우리를 섬기게 만드는 일은 심각한 위험입니다. 우리는 얼마나 자주 복음의 의도와 우리 자신의 이익을 혼동하고, 얼마나 자주 우리의 안락함을 종교성으로 은폐하고, 얼마나 자주 하느님에 대한 봉사 의미의 권력을 이웃에 대한 봉사라는 세속적 의미의 권력과 우리 자신에 대한 봉사로 혼동해 왔습니까.

2020. 1. 6. 바티칸

그리스도인의 삶에서 하느님에 대한 지식만으로 충분하지 않습니다. 자신을 벗어나지 않고, 만남 갖지 않고, 예배 드리지 않으면, 하느님을 알 수 없습니다.

2020. 1. 6. 바티칸

교회에서 아기 울음은 아름다운 설교입니다.

2020. 1. 12. 바티칸

그리스도인으로서 우리는 그리스도인 사이에서 뿐만 아니라 다른 종교의 형제자매들 사이에서도 더 친절하게 되기를 빕니다.

2020. 1. 25. 이탈리아

매일 성경 몇 구절을 읽읍시다. 복음서부터 시작합시다.

2020. 1. 26. 바티칸

우리는 자신을 위해 도움과 은혜를 자주 구하지만, 사랑할 수 있기를 구하는 일은 얼마나 드문가요!

2020. 2. 23. 이탈리아

🌿

우리는 우주의 먼지 같습니다. 하지만 우리는 하느님 사랑을 받는 먼지입니다.

2020. 2. 26. 이탈리아

🌿

인간은 하느님의 희망입니다.

2020. 2. 26. 이탈리아

🌿

우리는 사랑받기 위해 태어났고, 하느님 자녀로 태어났습니다.

2020. 2. 26. 이탈리아

🌿

우리는 하늘 나라의 시민이며, 하느님과 이웃에 대한 사랑은 하늘 나라로 가는 여권이자 신분증입니다.

2020. 2. 26. 이탈리아

🌿

우리는 가난한 사람들과 심각하게 병든 지구의 외침에 귀를 기울이지 않았습니다. 병든 세상에서도 우리는 항상 건강할 것이라는 착각에서 계속 그렇게 했습니다.

2020. 3. 27. 바티칸

🌿

우리는 일반적으로 하느님을 섬기는 것은 우리 자신이라고 생각합니다. 아니, 우리를 먼저 사랑하셔서 우리를 무조건 섬기신 분이 바로 하느님이십니다.

2020. 4. 5. 바티칸

🌿

우리는 사랑받기 위해 태어났고, 사랑하기 위해 태어났습니다.

2020. 4. 5. 바티칸

우리에게 부족한 것만 생각하지 말고, 우리가 할 수 있는 좋은 일에 대해서도 생각해 봅시다.

2020. 4. 5. 바티칸

어둠과 죽음이 마지막 단어는 아닙니다.

2020. 4. 11. 바티칸

'용기'란 단어는 복음서에서 언제나 예수님 입에서 나옵니다.

2020. 4. 11. 바티칸

죽음의 시대에 위로를 말하고, 다른 사람의 짐을 지고 격려하는 그리스도인이 되어 생명을 선포하는 사람이 된다는 것은 얼마나 멋집니까!

2020. 4. 11. 바티칸

🌿

우리 약점에도 불구하고 우리는 가치 있는 존재입니다.

2020. 4. 19. 이탈리아

🌿

정의와 자비는 함께 존재하며, 하나가 없으면 다른 것도 없습니다.

2020. 5. 18. 바티칸

🌿

미사에서 예수님의 죽음과 부활이 우리 눈앞에 펼쳐집니다.

2020. 6. 14. 바티칸

🌿

"우리는 예언자적 교회를 원합니다"라는 말을 들을 때 제 마음이 아픕니다. 예언자적 교회를 위해 당신은 무엇을 하고 있나요?

2020. 6. 29. 바티칸

🌿

주님의 얼굴을 찾으려 노력할 때 하느님께서 우리 길에 두신 가난한 사람, 병든 사람, 버림받은 사람, 낯선 사람 속에서 우리는 주님을 알아볼 수 있습니다.

2020. 7. 8. 바티칸

🌿

함께 기도하는 것은 선물입니다.

2020. 10. 20. 이탈리아

🌿

우리 그리스도인을 포함한 모든 사람을 괴롭히는 가장 큰 유혹은 자기 자신이나 특정 집단의 구원만을 생각하고, 자기 자신의 문제와 이익만을 고려한 채 다른 모든 것은 중요하지 않다고 생각하는 유혹입니다.

2020. 10. 20. 이탈리아

"나만 살면 된다"라는 복음은 구원의 복음이 아닙니다. 그것은 다른 사람에게 십자가를 강요하는 가장 거짓된 가짜 복음입니다. 참된 복음은 다른 사람의 십자가를 자신의 어깨에 짊어집니다.

2020. 10. 20. 이탈리아

자기 자신만 생각하는 것이 모든 악의 근원입니다.

2020. 10. 20. 이탈리아

우리는 하느님 모습대로 창조되었고, 우리 각자는 하느님 눈에 소중하며, 우리 각자는 대체할 수 없는 독특하고 소중한 존재입니다!

2020. 11. 15. 바티칸

🌿

얼마나 많은 사람들이 재산 모으는 데 평생을 낭비하고 있나요?

2020. 11. 15. 바티칸

🌿

그리스도인이 방어적 태도를 취하고 규칙을 지키고 계명에 따르는 데 집착하는 것은 슬픈 일입니다.

2020. 11. 15. 바티칸

개인과 공동체 모두 예배에 더 많은 시간을 할애하고 묵상하는 자세로 주님을 만나기 위해 점점 더 많은 것을 배우는 것이 우리 시대에 특히 필요합니다.

2021. 1. 6. 바티칸

인생은 재롱 잔치가 아니라, 우리를 사랑하시는 하느님을 향한 여정입니다.

2021. 1. 6. 바티칸

🌿

하느님은 가까이 계십니다. 예수님 설교의 주제이자 사명의 핵심이었습니다.

2021. 1. 24. 바티칸

🌿

텔레비전을 끄고 성경을 펴고, 휴대폰을 내려놓고 복음을 받아들일 수 있는 힘을 주님께 구합니다.

2021. 1. 24. 바티칸

🌿

살기 위해 물이 필요하듯, 기도가 필요합니다.

2021. 1. 25. 이탈리아

🌿

하느님 안에 머무르는 만큼 다른 사람들에게 다가서고, 다른 사람들에게 다가서는 만큼 우리는 하느님 안에 머물러 있습니다.

2021. 1. 25. 이탈리아

🌿

세상에서는 가난한 사람들이 소외되고 부자들이 특권을 누립니다. 하느님은 그렇지 않습니다. 더 많은 권력을 가진 사람은 엄한 심판을 받고, 가장 작은 사람은 하느님 은총을 받습니다.

2021. 3. 6. 이라크

🌿

때때로 우리는 무능하고 쓸모없다고 느낍니다. 하느님은 우리 연약함을 통해 위대한 기적을 일으키시기 때문에, 우리는 자신이 무능하고 쓸모없다고 생각해서는 안 됩니다.

2021. 3. 6. 이라크

🌿

우리 마음과 교회에서 권력과 돈의 사악한 영향을 없애야 합니다.

2021. 3. 7. 이라크

🌿

사제는 직업이나 돈을 위해서가 아니라 하느님의 백성을 섬기기 위해 사제가 됩니다.

2021. 3. 8. 이라크

🌿

오직 하느님의 거룩한 백성만이 탐욕과 교만의 질병에서 사제들을 구출할 수 있습니다.

2021. 3. 8. 이라크

🌿

여성들이 역사를 계속 이어갑니다.

2021. 3. 8. 이라크

🌿

더 많이 사랑할수록 더 많이 나눌 수 있습니다.

2021. 3. 14. 바티칸

🌿

예수님을 존경하는 것으로 충분하지 않습니다. 예수님의 길을 따라야 합니다.

2021. 3. 28. 바티칸

🌿

삶의 의미는 소유와 자기 주장에 있는 것이 아니라, 자신이 사랑받고 있다는 것을 발견하는 데 있습니다.

2021. 3. 28. 바티칸

🌿

복음 선포는 항상 구체적인 십자가를 받아들이는 것과 연결됩니다.

2021. 4. 1. 바티칸

🌿

자신이 자비를 체험했다는 사실을 깨닫지 못하면

자비로운 사람이 되기 매우 어렵습니다.

2021. 4. 11. 이탈리아

🌿

화해 성사의 중심은 우리와 우리의 죄가 아니라 하느님과 그분의 자비입니다.

2021. 4. 11. 이탈리아

🌿

받기만 하고 베풀지 않는 반쪽 짜리 믿음을 살지 맙시다.

2021. 4. 11. 이탈리아

🌿

하느님은 용서하는 데 지치지 않습니다. 용서를 구하는 데 지치는 것은 우리입니다.

2021. 4. 25. 바티칸

🌿

제자들과 이 세상에서 이별하는 고통스러운 순간에 예수님은 당신 친구들을 위해 기도합니다.

2021. 5. 16. 바티칸

🌿

기도는 도피가 아니며, 문제에서 도망치는 것도 아닙니다. 수많은 치명적인 고통 속에서 사랑과 희망을 지킬 수 있는 유일한 무기입니다.

2021. 5. 16. 바티칸

🌿

성체성사를 거행하기 위해서 무엇보다 먼저 하느님에 대한 우리의 그리움을 알아야 합니다.

2021. 6. 6. 바티칸

🌿

굶주린 자에게 빵 주지 않으면 성체를 모실 수 없습

니다.

2021. 6. 6. 바티칸

🌿

바울은 근본주의자였습니다. 하느님은 근본주의에서 바울을 구해 주셨습니다.

2021. 6. 29. 바티칸

🌿

베드로와 바울은 우리 시대 인간의 삶을 짓누르는 죄, 죽음, 체념, 불의, 희망의 상실로부터 해방된 교회의 이미지를 우리에게 제공합니다.

2021. 6. 29. 바티칸

🌿

하느님의 눈에는 익명의 군중이 아니라 자신의 굶주림을 가진 개인이 있습니다.

2021. 7. 25. 바티칸

복음은 우리에게 우리의 존재와 소유를 나누라고 권유합니다. 그래야만 우리의 배고픔이 채워질 것입니다.

2021. 7. 25. 바티칸

그리스도인의 길은 한 걸음 물러서는, 삶의 중심에서 벗어나는 자기 탈중심화에서 시작됩니다.

2021. 9. 12. 헝가리

십자가가 없는 그리스도교는 세속적이며 열매 맺지 못할 것입니다.

2021. 9. 14. 슬로바키아

예수님은 어둠 속에 빛을 가져다주러 오셨습니다. 그

그렇기 때문에 어둠은 항상 예수님과 맞서 싸웁니다.

2021. 9. 15. 슬로바키아

🌿

얼마나 많은 사람들이 더 이상 하느님에 대해 굶주리고 목마르지 않습니까! 그들이 나빠서가 아니라 신앙에 대한 열망을 자극하고 인간의 마음에 존재하는 갈증을 다시 일깨워 주는 사람들이 부족하기 때문입니다.

2021. 9. 23. 바티칸

🌿

예수님과 만남에서 놀라움을 느끼지 못한다면 예수님을 만나지 못한 것입니다.

2021. 9. 23. 바티칸

🌿

항상 사람들과 가까워지고, 항상 하느님과 가까워

지세요.

2021. 10. 17. 바티칸

🌿

하느님을 진정으로 사랑하려면, 인간에 대한 열정이 있어야 합니다.

2021. 11. 5. 이탈리아

🌿

우리 사랑이 빛나지 않으면서도, 하느님에 대해 우리는 얼마나 많이 말하고 있는지요!

2021. 11. 5. 이탈리아

🌿

가난한 자들의 울음 속에서 하느님 나라가 싹트고 있습니다.

2021. 11. 14. 바티칸

🌿

가난한 사람들에게 가까이 가서 희망을 심어주세요.

2021. 11. 14. 바티칸

🌿

구경꾼이 되지 마세요.

2021. 11. 21. 바티칸

🌿

비판하기를 두려워 마세요! 여러분의 비판이 교회는 필요합니다.

2021. 11. 21. 바티칸

🌿

권위가 있고, 학식이 있고, 유명하다 해서 하느님을 기쁘게 해드릴 수 있는 것은 아닙니다.

2021. 12. 5. 그리스

🌿

예나 지금이나 하느님은 슬픔과 외로움 가득한 곳으로 눈길을 주십니다.

2021. 12. 5. 그리스

🌿

그리스도인들 사이에 존재하는 모든 분열, 특히 우리 가톨릭 신자들이 일으킨 분열에 대해 저는 사과드립니다.

2021. 12. 6. 그리스

🌿

이주민 문제를 해결하지 못하면, 문명의 몰락을 초래할 수 있습니다.

2021. 12. 6. 그리스

🌿

인간은 노동의 노예가 아니라 주인입니다.

2021. 12. 24. 바티칸

현실보다 더 경이롭고 놀라운 것은 없습니다.

2021. 12. 31. 바티칸

문제는 사라지지 않았고 어려움과 걱정이 없는 것은 아니지만, 우리는 혼자가 아닙니다.

2021. 12. 31. 바티칸

어머니와 여성은 착취하기 위해 세상을 바라보는 것이 아니라 생명을 주기 위해 바라봅니다.

2022. 1. 1. 바티칸

여성에게 상처주는 것은 여성에게서 인간의 모습을 취하신 하느님께 상처주는 것입니다.

2022. 1. 1. 바티칸

🌿

예수님은 가난하고 억눌린 자들을 해방하러 오셨습니다.

2022. 1. 23. 바티칸

🌿

하느님은 중립을 지키거나 구경하는 분이 아니십니다.

2022. 1. 23. 바티칸

🌿

교회에서 어떤 하느님을 선포합니까? 해방하고 치유하는 구세주인가요, 죄책감으로 우리를 억압하는 무서운 하느님인가요?

2022. 1. 23. 바티칸

🌿

말씀은 우리를 삶에서 도피하게 하지 않고 삶 속으

로, 일상적인 상황 속으로 들어가게 하며, 형제자매의 고통을 듣고, 가난한 사람들의 도움 요청을 경청하고, 사회와 지구를 해치는 폭력과 불의에 주목하여, 무관심하지 않고 적극적이고 창조적이며 예언자적인 그리스도인이 되도록 합니다.

2022. 1. 23. 바티칸

서로를 위해 함께 기도하는 일에 지치지 맙시다.

2022. 1. 25. 이탈리아

항상 빛나는 눈빛으로 웃으며 젊은이들에게 희망을 주는 연로하신 수도자들을 보면, 저는 큰 위로를 받습니다.

2022. 2. 2. 바티칸

🌿

기도가 진실하면 자선으로 이어질 수밖에 없습니다. 이웃 사랑은 우리를 최악의 노예, 즉 우리 자신에 대한 노예에서 해방시켜 줍니다.

2022. 3. 2. 이탈리아

🌿

여러분은 역사를 바꿀 수 있습니다.

2022. 3. 2. 이탈리아

🌿

먼저 십자가의 길을 걷지 않고 그저 영광을 추구하려는 세속적인 유혹이 있습니다.

2022. 3. 12. 이탈리아

🌿

예수님을 실제로 따르지 않으면서, 자신이 "좋은" 제자라고 생각하는 위험이 있습니다.

2022. 3. 12. 이탈리아

🌿

우리 시대의 비극 중 하나는 우리가 현실에 눈 감고 현실을 외면한다는 사실입니다.

2022. 3. 12. 이탈리아

🌿

기도는 현실 도피가 아니라 세상 변혁을 뜻합니다.

2022. 3. 12. 이탈리아

🌿

교회와 세상에서, 정신적 영역과 사회에서, 사소한 것을 중요한 것으로 여기려는 유혹을 우리는 자주 받습니다.

2022. 3. 12. 이탈리아

🌿

화해의 성사를 소홀히 하지 말고, 화해의 성사를 기쁨의 성사로서 다시 발견합시다.

2022. 3. 25. 바티칸

죄가 두렵고, 과거가 부담스럽고, 상처가 아물지 않고, 계속되는 실패로 사기가 떨어지고 희망을 잃은 것 같더라도 두려워 마세요. 하느님은 우리 약점을 아시며, 우리 실수보다 더 크신 분이십니다.

2022. 3. 25. 바티칸

세상이 바뀌기를 원한다면, 먼저 우리 마음이 바뀌어야 합니다.

2022. 3. 25. 바티칸

교회의 근원으로 돌아간다는 것은 최초의 그리스도교 공동체의 교회 모델을 모방하는 것을 의미하지 않습니다. 무엇보다도, 초대 그리스도교 공동체의 정신을 다시 일깨우는 것, 즉 믿음의 중심인 예수님과 관계와 세상에 대한 복음 선포를 다시 발견하는 것을 뜻합니다.

2022. 4. 2. 몰타

🌿

사랑이 넘치는 곳에 하느님이 계십니다!

2022. 4. 2. 몰타

🌿

우리가 예수님 이름을 입에 올리지만, 실제로 예수님을 오해하고 거절할 위험이 항상 있습니다.

2022. 4. 3. 몰타

🌿

수난의 가장 극심한 육체적 고통 속에서도 그리스도는 당신을 폭행하는 자들을 위해 용서를 구하십니다.

2022. 4. 10. 바티칸

예수님은 스스로 우리의 변호사가 되었습니다.

2022. 4. 10. 바티칸

폭탄을 피해 도망치는 난민들 속에서, 예수님은 아이들을 품에 안고 십자가에 못 박히셨습니다.

2022. 4. 10. 바티칸

예수님과 우정보다 더 좋은 보상은 없습니다.

2022. 4. 14. 바티칸

세속화된 성직자는 성직자처럼 행세하는 이교도와 다르지 않습니다.

2022. 4. 14. 바티칸

🌿

하느님은 모든 것을 용서하시고 항상 용서하십니다!

2022. 4. 14. 이탈리아

🌿

사제들은 다른 사람을 이용하는 사람이 아니라, 다른 사람을 섬기는 사람이 되어야 합니다. 성직자주의는 다른 사람을 이용하는 길로 사제들을 이끌고 맙니다.

2022. 4. 14. 이탈리아

🌿

우리가 하느님에 대한 모든 것을 이해했다고 주장하고 그분을 우리 계획에 맞출 수 있다고 주장할 때, 하느님은 거기 없습니다.

2022. 4. 16. 바티칸

🌿

부활절은 예수님의 죽음을 슬퍼하는 사람들을 위로하는 것이 아니라, 악과 죽음에 대한 하느님의 승리라는 혁명적 메시지를 통해 사람들의 마음을 열게 하는 날입니다.

2022. 4. 16. 바티칸

🌿

하느님의 기쁨을 경험한 사람들에게 모든 것이 다시는 예전 같지 않을 것입니다.

2022. 4. 24. 바티칸

🌿

예수님은 온 교회를 자비를 섬기는 공동체로, 인류를 위한 화해의 표징이자 도구로 만드셨습니다.

2022. 4. 24. 바티칸

🌿

인간은 하느님께 사랑 받는 존재입니다.

2022. 5. 15. 바티칸

🌿

하느님이 우리를 사랑하셨기 때문에, 우리는 사랑할 수 있습니다.

2022. 5. 15. 바티칸

🌿

거룩함은 몇 번의 영웅적 행동으로 이루어지는 것이 아니라 일상의 많은 사랑으로 이루어집니다.

2022. 5. 15. 바티칸

🌿

우리가 우리 자신에 대한 신뢰를 잃었다 하더라도, 하느님은 우리를 믿어 주십니다.

2022. 6. 5. 바티칸

우리가 하느님을 잊었다 하더라도, 하느님은 우리를 잊지 않으십니다.

2022. 6. 5. 바티칸

자유는 현대인이 가장 소중히 여기는 가치 중 하나입니다.

2022. 6. 25. 바티칸

가정은 사랑을 배우는 첫째 장소입니다.

2022. 6. 25. 바티칸

1등급 그리스도인, 2등급 그리스도인은 없습니다. 모두 부르심 받았습니다.

2022. 6. 29. 바티칸

복음 선포에 중립은 없습니다.

2022. 6. 29. 바티칸

돈을 신뢰하지 마세요.

2022. 8. 3. 바티칸

역사는 1등을 향한 경쟁이 아니라 함께 하는 순례 여정입니다.

2022. 7. 3. 바티칸

다른 사람의 양심을 억압하지 맙시다.

2022. 7. 26. 캐나다

🌿

후손에게 무엇을 유산으로 남겨주고 싶나요?

2022. 7. 26. 캐나다

🌿

교회로서 우리 모두 치유가 필요합니다. 교회 자신에게 갇혀 있으려는 유혹·진리를 찾기보다, 교회 제도를 지키려는 유혹·복음을 위한 봉사보다, 세상 권력을 선호하는 유혹으로부터 교회는 치유가 필요합니다.

2022. 7. 26. 캐나다

🌿

친애하는 원주민 형제자매 여러분, 저는 여러분들이 저와 교회에 얼마나 소중한 존재인지 말씀드리기 위해 순례자로서 왔습니다.

2022. 7. 26. 캐나다

어떻게 하면 우리 마음이 복음을 위해 다시 불타오를 수 있을까요?

2022. 7. 28. 캐나다

신학 발전은 열려 있어야 합니다. 그것이 신학자들의 존재 이유입니다.

2022. 7. 29. 캐나다

핵무기의 사용과 보유는 부도덕한 행위입니다.

2022. 7. 29. 캐나다

전통을 폐쇄적인 것으로 생각한다면, 그것은 그리스도교의 전통이 아닙니다.

2022. 7. 29. 캐나다

🌿

'통일'보다 '조화'를 이야기하는 것이 중요합니다.

2022. 7. 29. 캐나다

🌿

성령은 조화이십니다.

2022. 7. 29. 캐나다

🌿

믿음은 모국어로 전달되어야 합니다.

2022. 7. 29. 캐나다

🌿

하느님은 우리 한 사람 한 사람의 이름을 부르십니다. 우리는 숫자가 아닙니다.

2022. 8. 27. 바티칸

🌿

겸손은 우리 자신을 평가절하하는 것이 아닙니다. 겸손은 우리 가능성과 비참을 알게 해주는 건강한 현실주의입니다. 겸손은 우리의 비참에서 시작하여 우리 시선을 우리 자신에서 벗어나 하느님께 돌릴 수 있게 해줍니다.

2022. 8. 28. 이탈리아

🌿

자비는 우리가 비참한 상황에서도 사랑받고 있다는 것을 알게 합니다.

2022. 8. 28. 이탈리아

🌿

용서는 죽음에서 삶으로, 두려움과 죄책감의 경험에서 자유와 기쁨의 경험으로 나아감을 뜻합니다.

2022. 8. 28. 이탈리아

🌿

내면의 자유가 없는 곳에서 이기주의, 개인주의, 이기심, 억압 등 모든 불행의 문이 열립니다

2022. 8. 28. 이탈리아

🌿

그리스도 안에서 우리는 창조 이전에 축복 받았습니다.

2022. 8. 30. 바티칸

🌿

완벽한 종교적 겉모습은 자신의 욕구 충족, 개인의 명성 추구, 특정 역할 수행, 모든 것을 통제하려는 욕구, 특권을 얻으려는 욕구, 인정 욕구를 숨길 수 있습니다. 이것은 오늘 그리스도교인 사이에서도 존재합니다. 그러나 그것은 예수님 스타일이 아닙니다. 제자와 교회의 스타일이 되어서도 안 됩니다.

2022. 9. 4. 바티칸

평화는 한꺼번에 얻어지는 것이 아니라 매일 새롭게 쟁취해야 합니다.

2022. 9. 14. 카자흐스탄

그리스도의 십자가에서 우리는 증오가 아닌 사랑을, 무관심이 아닌 연민을, 복수가 아닌 용서를 배웁니다.

2022. 9. 14. 카자흐스탄

예수님의 길, 구원의 길은 '만일'과 '그러나'가 없는, 겸손하고 무조건적이며 모든 것을 포괄하는 사랑의 길입니다.

2022. 9. 14. 카자흐스탄

우리는 전쟁에 익숙해져서는 안 됩니다.

2022. 9. 14. 카자흐스탄

침략자라 할지라도, 전쟁 중인 그 어떤 세력과의 대화도 저는 배제하지 않습니다.

2022. 9. 15. 카자흐스탄

서양인들이 다른 민족을 도울 수 있는 최고 수준에 도달했다고 저는 생각하지 않습니다.

2022. 9. 15. 카자흐스탄

🌿

오늘도 우리가 소유와 존재를 혼동하고 소유한 재산, 과시하는 직함, 맡은 역할과 직책, 입는 옷의 상표로 사람을 판단하는 현실은 얼마나 슬픕니까?

2022. 9. 25. 이탈리아

🌿

우리가 우리 자신을 숭배하면, 비좁은 자아에 질식하고 맙니다. 세상 재물을 숭배하면, 그것이 우리를 소유하고 노예로 만들어 버립니다.

2022. 9. 25. 이탈리아

🌿

하느님을 경배하는 사람은 누구의 노예도 아닌 자유로운 존재입니다.

2022. 9. 25. 이탈리아

🌿

지금 형제자매를 향해 담 쌓으면, 우리는 결국 외로움과 죽음에 갇히게 됩니다.

2022. 9. 25. 이탈리아

🌿

우리 모두 실수 합니다. 실수를 두려워하지 말고, 봉사에 힘을 내어 항상 앞으로 나아가야 합니다.

2022. 10. 1. 바티칸

🌿

복음서의 나병 환자들은 함께 여행함으로써 자신들을 배제하는 사회에 대해 저항을 표현했습니다.

2022. 10. 9. 바티칸

🌿

예수님 스타일은 답을 주지 않고, 삶에 도전하는 질문을 던집니다.

2022. 10. 9. 바티칸

🌿

"나를 사랑하십니까?" 제2차 바티칸 공의회는 이 질문에 대한 중요한 대답이었습니다. 교회는 사랑을 되살리려고 역사상 처음으로 자기 성찰을 통해 교회의 본질과 사명을 성찰하는 공의회를 열었습니다.

2022. 10. 11. 바티칸

🌿

하느님 대신 우리 자신의 자아에서 출발하고, 복음보다 우리의 목표를 우선하고, 세속의 흐름에 휩쓸려 시대의 유행을 따르고, 섭리가 우리에게 주는 현재를 거부하고 과거로 돌아가려는 유혹이 항상 존재합니다.

2022. 10. 11. 바티칸

🌿

제2차 바티칸 공의회는 자유롭고 해방된 교회의 길

을 제안했습니다.

2022. 10. 11. 바티칸

기쁨 잃은 교회는 사랑을 잃은 것입니다.

2022. 10. 11. 바티칸

양떼를 인도하지 않고, 성장시키지 않고, 죽이는 것이 성직자 중심주의의 추악한 죄입니다.

2022. 10. 11. 바티칸

오늘 우리 가운데 여전히 살아 있는 수많은 가난한 사람들에 대한 연민 없이 참된 성체 조배는 없습니다.

2022. 10. 25. 이탈리아

🌿

하느님 재판에서 유일한 질문은 가난하고 버림받은 자들에 대한 자비 여부입니다.

2022. 11. 2. 바티칸

🌿

편리함이나 안락함 때문에 예수님의 메시지를 축소하고 그 말씀을 물타기하는 경향이 우리에게 있습니다.

2022. 11. 2. 바티칸

🌿

논쟁은 많이 하고 행동은 거의 하지 않는 제자로, 십자가 앞에서보다 컴퓨터 앞에서, 형제자매의 눈보다 인터넷에서 더 자주 답을 찾고, 주님의 순진한 제자에서 복잡한 제자로, 논평하고 토론하고 이론을 제안하지만 가난한 사람의 이름조차 모르는 그리스도인으로, 몇 달 동안 아픈 사람을 방문하지도 않고, 먹이거나 입힌 적도 없고, 어려운 사람과 우정을 쌓지도 않은 그리스도인으로 우리는 변해가고 있습니다.

2022. 11. 2. 바티칸

우리 마음에서 군사주의를 몰아냅시다.

2022. 11. 5. 바레인

하느님은 인간을 창조하신 후 강아지 한 마리를 주시고 즐기라고 창조하신 것이 아닙니다. 하느님은 남자와 여자라는 평등한 두 인간을 창조하셨습니다.

2022. 11. 6. 바레인

우리는 여성의 권리를 위해 싸워야 할 뿐만 아니라, 사회에서 변화를 일으킬 수 있도록 우리를 돕는 여성들이 우리에게 필요합니다.

2022. 11. 6. 바레인

🌿

가난과 고통을 낳는 나쁜 사건이 발생하면 그리스도인은 "내가 구체적으로 어떤 선을 행할 수 있을까?"라고 묻습니다. 도망치지 말고 주님께서 내게 무엇을 말씀하시며 내가 어떤 선을 행할 수 있는지 물어보세요.

2022. 11. 13. 바티칸

🌿

오늘도 가난한 사람들은 모든 위기에서 가장 큰 영향을 받는 희생자입니다. 그러나 우리 마음이 무뎌지고 무관심해지면서, 우리는 그들의 희미한 고통의 외침을 듣지 못하고, 그들을 위해 함께 울지 못하며, 도시의 잊혀진 곳에 얼마나 많은 외로움과 두려움이 숨겨져 있는지 못보고 있습니다.

2022. 11. 13. 바티칸

🌿

이탈리아의 작은 마을에는 아직도 일부 사람들이 실천하는 오랜 전통이 있습니다. 크리스마스 저녁 식사 때 주님을 위해 자리 하나를 비워두면, 주님은 반드시 그것을 필요로 하는 가난한 사람의 모습으로 문을 두드릴 것입니다.

2022. 11. 13. 바티칸

🌿

악은 전염성이 있으며 우리를 감염시킨다는 사실을 기억합시다.

2022. 11. 20. 이탈리아

🌿

악을 행하는 것보다 더 나쁜 것은 무관심입니다.

2022. 11. 20. 이탈리아

관중이 될 것인지 참여자가 될 것인지 우리에게 달려 있습니다.

2022. 11. 20. 이탈리아

크리스마스에 대해 많이 알고 있지만, 크리스마스 의미를 잊어버릴 위험이 있습니다.

2022. 12. 24. 바티칸

탐욕의 주요 피해자는 언제나 약자와 가난한 사람들입니다.

2022. 12. 24. 바티칸

저는 특히 전쟁과 가난, 불의에 시달리는 어린이들을 생각하고 있습니다. 하지만 소외되고 거절당하는 구유에 갓난 아기 예수님이 오셨습니다.

2022. 12. 24. 바티칸

🌿

가난한 사람들 없이 진정한 크리스마스 없다는 사실을 기억해야 합니다.

2022. 12. 24. 바티칸

🌿

가난하게 태어나 가난하게 살다가 가난하게 돌아가신 예수님은 가난에 대해 거창한 연설을 하지 않으셨지만, 우리를 위해 가난을 온전히 실천하셨습니다.

2022. 12. 24. 바티칸

🌿

아프리카 스스로 자신의 운명의 주인공이 되기를 바랍니다!

2023. 1. 31. 콩고

🌿

세계의 미소이자 희망인 아프리카에 우리는 더 많은 관심을 가져야 합니다.

2023. 1. 31. 콩고

🌿

아동 노동의 재앙을 고발하고 이를 없애기 위한 노력을 아끼지 말아야 합니다.

2023. 1. 31. 콩고

🌿

형제애 없이 평화 없는 것처럼 공동체 없이 그리스도교 없습니다.

2023. 2. 1. 콩고

🌿

가난한 이들과 나누는 것이 우리 자신을 분열시키고 세속화하려는 유혹에 대한 최고의 치료약입니다.

2023. 2. 1. 콩고

🌿

모든 인류에게 수치심을 주는 비인간적인 잔학 행위를 저지르는 자들이여, 회개하시오!

2023. 2. 1. 콩고

🌿

증오와 폭력은 용납될 수도, 정당화될 수도 묵인되어서도 안됩니다. 특히 그리스도인들은 더 그렇습니다.

2023. 2. 1. 콩고

🌿

마음에서 폭력을 몰아내세요. 악에 직면하여 분노를 멈추거나 비판을 중단하라는 말이 아닙니다. 잔학 행위에 대한 면죄부나 면책을 의미하지도 않습니다.

2023. 2. 1. 콩고

🌿

가난한 사람들과 거리를 두지 않도록 조심하십시오.

2023. 2. 1. 콩고

🌿

그리스도를 믿는 사람들은 특권, 명성, 자랑, 권력을 위한 노력으로 하느님에 대한 증거인 자선을 악용해서는 안 됩니다. 나쁜 일이며 절대로 해서는 안 되는 일입니다!

2023. 2. 1. 콩고

🌿

빈곤의 원인은 재산과 기회 부족이 아니라 불평등한 분배에 있습니다. 부유한 사람들, 특히 그리스도인은 자신의 재산을 가난한 사람들과 나누어야 하며, 같은 민족에 속해 있다면 더 그래야 합니다.

2023. 2. 1. 콩고

🌿

항상 필요한 물품을 배포하는 대신 자립적이고 지속 가능한 개발을 가능하게 하는 지식과 도구를 전수하는 것이 더 낫습니다.

2023. 2. 1. 콩고

🌿

역사에서 그 누구도 당신을 대체할 수 없습니다.

2023. 2. 2. 콩고

🌿

정직하지 않으면 우리는 예수님의 제자나 증인이 아닙니다.

2023. 2. 2. 콩고

🌿

여러분을 이용해 국가를 폭력과 불안정의 소용돌이에 몰아넣고 누구도 배려하지 않은 채 계속 통제하려는 개인이나 집단에 조종 당하지 마세요.

2023. 2. 2. 콩고

🌿

용서는 과거를 잊는 것이 아니라 과거가 반복될 것이라는 사실을 받아들이지 않는 것을 뜻합니다.

2023. 2. 2. 콩고

🌿

어떤 경우에도 절망하지 마세요! 예수님은 여러분을 믿고, 결코 혼자 놓아두시지 않습니다.

2023. 2. 2. 콩고

🌿

사제와 수도자들이 사람들에게 봉사하지 않고, 사람들이 사제와 수도자에게 봉사하게 만들어 버린다면, 사제와 수도자들의 삶은 메말라 버립니다. 사제직은 돈이나 사회적 지위나 가족 부양을 위한 직업이 아닙니다. 사제직은 그리스도의 현존과 무조건적인 사랑, 우리를 화해시키는 용서, 가난한 이들을 돌보려는 자비의 표징인 사명입니다.

2023. 2. 2. 콩고

🌿

그리스도교 신비의 핵심으로 들어가 그 가르침을 깊이 연구하고, 하느님 말씀을 묵상하고, 점점 더 복잡해지는 우리 시대의 관심사와 질문에 열린 자세로써 사람들의 삶과 필요를 이해하고, 그들의 손을 잡고 동행할 수 있는 방법을 이해하도록 우리는 부름받았습니다.

2023. 2. 2. 콩고

십자가에 못 박힌 민족, 억압받는 민족의 역사 속에서 저는 고통받는 예수님을 봅니다.

2023. 2. 3. 콩고

세속주의는 교회에 일어날 수 있는 최악의 일이라는 것을 잊지 맙시다.

2023. 2. 3. 콩고

주님에게 격려와 힘을 얻은 우리는 고통받는 사람

들의 상처를 치유하고 슬퍼하는 사람들의 고통을 덜어주며 가난한 사람들을 일으켜 세우고 수많은 형태의 노예와 억압에서 사람들을 해방시키는 위로와 화해의 도구가 되어야 합니다.

2023. 2. 3. 콩고

사람들이 양심에 귀 기울이고 자기 삶에 주체가 되어 미래를 책임질 수 있도록, 우리는 계속해서 예언자의 목소리를 내야 합니다.

2023. 2. 3. 콩고

목자는 장사꾼이 되면 안 됩니다!

2023. 2. 3. 콩고

하느님과 대화를 게을리하지 말고, 권력에 대한 계

산과 이중성, 안락한 삶과 습관 탓에 예언의 불이 꺼지지는 않게 해달라고 저는 요청합니다.

2023. 2. 3. 콩고

고통받는 사람들과 불의에 맞서 우리 목소리를 높이라고 복음은 요구합니다.

2023. 2. 3. 콩고

용감한 목자이자 예언자였던 크리스토프 문지히르와 대주교는 목숨을 걸고 국민을 보호했습니다. 그는 죽기 전날 모든 사람에게 메시지를 남겼습니다. "이 시대에 우리가 할 수 있는 일이 무엇일까요? 우리 믿음을 굳건히 합시다. 하느님께서 우리를 버리지 않으실 것이며, 어딘가 우리에게 작은 희망의 빛이 있다는 것을 믿읍시다. 우리가 어떤 민족에 속해 있든 이웃의 생명을 존중하겠다는 약속을 한다면,

하느님은 우리를 버리지 않으실 것입니다." 다음 날 그는 도시의 한 광장에서 살해당했습니다.

2023. 2. 3. 콩고

하느님의 백성을 광야로 인도하는 모세의 이야기를 통해 전쟁, 증오, 폭력, 가난으로 점철된 역사 속에서 하느님의 종이 어떤 의미인지 스스로 물어보아야 합니다.

2023. 2. 4. 남수단

모세는 자기 백성의 부르짖음에 무관심하지 않으시고 그들을 구원하기 위해 내려오신 자비로운 하느님을 체험했습니다.

2023. 2. 4. 남수단

🌿

국민을 위한 대변자가 되기 위해 우리는 사람들을 억압하고 분쟁의 그늘에서 폭력을 사용하는 불의와 권력 남용에 맞서 목소리를 높이도록 부름받았습니다. 국민을 옹호하는 목자가 되려면 불의와 폭력으로 인한 고통 앞에서 중립을 지킬 수 없습니다.

2023. 2. 4. 남수단

🌿

우리가 경계해야 할 한 가지 유혹이 있다면, 특권과 호의를 잃을까 봐 상황을 있는 그대로 방치하고 관심을 갖지 않는 것입니다.

2023. 2. 4. 남수단

🌿

예언만으로는 우리를 악에서 해방시킬 수 없으며, 형제자매에게 다가가 그들의 길을 지원하는 것이 필요합니다.

2023. 2. 4. 남수단

🌿

무엇보다도 여러분과 많은 사람들이 상황을 분석하는 데 그치지 않고 행동을 했다는 사실에 감사하고 싶습니다.

2023. 2. 4. 남수단

🌿

여성은 보호받고, 존중받고, 가치 있고, 존중받아야 합니다.

2023. 2. 4. 남수단

🌿

기도는 우리에게 앞으로 나아갈 힘을 주고, 두려움을 극복하며, 어둠 속에서도 하느님이 준비하시는 구원을 엿볼 수 있게 해줍니다.

2023. 2. 4. 남수단

🌿

전쟁과 폭력을 일으키는 사람은 주님을 배신하고 그분의 복음을 부인하고 있습니다.

2023. 2. 4. 남수단

🌿

지난 세기의 교회 분열이 복음이 전해지는 사람들에게 부정적인 영향을 미쳐서는 안 되며, 오히려 복음의 씨앗이 더 큰 일치를 이루는 데 도움이 되기를 바랍니다.

2023. 2. 4. 남수단

🌿

행복선언은 하늘의 지혜를 이 땅으로 가져다줍니다. 세상의 기준과 일반적인 사고방식을 뒤집어 놓습니다.

2023. 2. 5. 남수단

🌿

우리 그리스도인들은 비록 약하고 작더라도, 문제의 심각성과 폭력의 맹목적인 분노 앞에서 우리의 힘이 작아 보일지라도, 역사를 변화시키는 데 결정적인 기여를 할 수 있습니다.

2023. 2. 5. 남수단

🌿

역사책에는 기록되지 않았지만 역사를 바꾼 작은 일부터 우리 시작합시다.

2023. 2. 5. 남수단

🌿

세계에서 가장 큰 재산이 소수의 손에 쥐어져 있고, 이 사람들은 불행을 보는 눈이 없으며, 이런 상황에서 도움을 주려고 마음을 열지 않는다는 사실은 매우 충격입니다.

2023. 2. 5. 남수단

우리가 고백하는 믿음이 삶과 동떨어진 사이비 종교의 포로가 되지 않고, '영적 이기주의', 즉 내 마음의 평화와 만족을 위해 희생되지 않도록 해야 한다는 의미 깊은 과제를 가난한 사람들은 우리에게 제시합니다.

2023. 4. 29. 헝가리

이웃 사랑의 언어를 유창하게 구사하는 교회, 가장 멀리 떨어져 있는 사람들과 믿지 않는 사람들까지 모두 듣고 이해할 수 있는 보편적인 언어를 사용하는 교회가 우리에게 필요합니다.

2023. 4. 29. 헝가리

인생의 큰 목적에 투자하세요!

2023. 4. 29. 헝가리

🌿

예수님은 당신을 믿으십니다!

2023. 4. 29. 헝가리

🌿

침묵은 기도의 문이고, 기도는 사랑의 문입니다.

2023. 4. 29. 헝가리

🌿

기도는 지루하지 않습니다! 기도를 지루하게 만드는 것은 우리 자신입니다. 기도는 주님과 만남이며 아름답습니다.

2023. 4. 29. 헝가리

🌿

진실을 말할 용기가 있다면 얼마나 좋을까요?

2023. 4. 29. 헝가리

🌿

항상 진실한 사람이 되십시오.

2023. 4. 29. 헝가리

🌿

'소셜 미디어'를 매우 좋아하지만 그리 사교적이지 않은 고립된 개인이 악순환처럼 기술의 안락함에 의지해 공허함을 채우는 경우가 얼마나 많은지요.

2023. 4. 30. 헝가리

🌿

위대한 지성인들은 참으로 겸손합니다.

2023. 4. 30. 헝가리

🌿

이웃에게 마음을 열면, 자신을 더 잘 알 수 있습니다.

2023. 4. 30. 헝가리

🌿

많은 곳에서 어린이들의 미래가 아닌 무기에 지속적으로 돈이 투자되고 있습니다.

2023. 8. 2. 포르투갈

🌿

발전된 지금 세상에서 역설적이게도 생명을 이용하고 버리는 실용주의적 일탈 탓에 위험에 처한 인간 생명을 보호하는 것이 시급해졌습니다.

2023. 8. 2. 포르투갈

🌿

바다는 인간의 삶이 우리 자신보다 더 큰 환경과 조화를 이루어야 하며, 후손을 생각하며 조심스럽게 가꾸고 보살펴야 한다는 사실을 일깨워 줍니다.

2023. 8. 2. 포르투갈

🌿

젊은이들에게 미래를 설계할 수 있는 건강한 공간을 제공하지 않는다면, 어떻게 우리가 젊은이들을 믿는다고 말할 수 있을까요?

2023. 8. 2. 포르투갈

🌿

젊은이들은 미래입니다. 그러나 일자리 부족, 바쁜 일상, 생활비 상승, 집 구하기 어려움, 가정을 꾸리고 아이를 낳는 것에 대한 두려움 등 많은 요인들이 젊은이들을 절망하게 합니다.

2023. 8. 2. 포르투갈

🌿

이 시대가 두렵다고 해서 이 시대로부터 도망쳐 과거의 형식과 스타일로 피신해서는 안 됩니다. 지금은 복음화와 선교의 바다로 항해할 수 있도록 주님께서 우리에게 주신 은총의 시간입니다.

2023. 8. 2. 포르투갈

🌿

매일 주님과 그분 말씀을 신뢰하려면, 말만으로 충분하지 않고 많은 기도가 필요합니다.

2023. 8. 2. 포르투갈

🌿

교회는 서로 돕고 함께 걷는 공동체입니다.

2023. 8. 2. 포르투갈

🌿

교회라는 배에 모든 사람을 위한 공간이 있어야 합니다. 세례 받은 모든 사람은 배에 올라 그물을 던지고 복음 선포를 위해 개인적으로 헌신하도록 부름받았습니다.

2023. 8. 2. 포르투갈

🌿

교회가 누구는 들어가고 누구는 들어가지 못하는지 골라내는 세관이 되지 않기를 바랍니다.

2023. 8. 2. 포르투갈

🌿

사목적 필요는 늘어나는 데 사제와 봉헌자의 수는 점점 줄어드는 현실은 큰 도전입니다. 그러나 이러한 상황은 평신도들이 형제애로 활력이 넘쳐나서 건강한 사목적 창의성을 발휘할 수 있는 기회있니다.

2023. 8. 2. 포르투갈

🌿

대화가 없고, 공동 책임이 없고, 참여가 없으면 교회는 노쇠해집니다.

2023. 8. 2. 포르투갈

🌿

개종이 아니라 사랑입니다. 교회 운동이 잘못된 방향으로 나아가는 징후 중 하나는 개종입니다. 교회 운동이나 교구, 주교, 사제, 봉헌자, 평신도가 개종에 관여하는 것은 그리스도교적이지 않습니다.

2023. 8. 2. 포르투갈

🌿

지구의 고통과 가난한 사람들의 고통을 함께 경청하는 전체적인 생태학이 필요합니다.

2023. 8. 3. 포르투갈

🌿

그리스도교는 성벽으로 둘러싸인 요새처럼 세상에 맞서 담 쌓고 살 수는 없습니다.

2023. 8. 3. 포르투갈

🌿

여성은 2등급 인간이고 후보 선수이며, 1군 팀에서 뛰지 않는다고 우리는 집단 무의식 속에서 얼마나 자주 생각하고 있는지요.

2023. 8. 3. 포르투갈

🌿

지치지 말고 질문하세요.

2023. 8. 3. 포르투갈

추상적인 사랑은 없습니다.

2023. 8. 4. 포르투갈

자기 목숨을 버리는 사람보다 더 큰 사랑을 가진 사람은 없으며, 예수님은 우리에게 그 사실을 가르쳐 주셨습니다.

2023. 8. 4. 포르투갈

기쁨은 퍼져 나갑니다.

2023. 8. 5. 포르투갈

인생에서 공짜는 없으며 모든 것은 대가를 치러야 합니다. 유일한 공짜는 예수님의 사랑입니다.

2023. 8. 5. 포르투갈

🌿

저는 학술적인 설교에서 농담을 하기도 하고, 소통을 유도하기 위해 웃음을 터뜨리기도 합니다.

2023. 8. 6. 포르투갈

🌿

짧고 분명하며 명확한 메시지와 사랑이 설교에 담겨야 합니다.

2023. 8. 6. 포르투갈

🌿

실용주의 시대에 우리는 예배의 의미를 어느 정도 잃어버렸습니다. 예배를 드리고 예배에서 우러나오는 행동을 하세요.

2023. 9. 2. 몽골

🌿

모든 인간의 삶, 더 나아가 모든 종교는 이타주의에

의해 측정되어야 합니다.

2023. 9. 3. 몽골

🌿

인간의 지상적 수평적 차원에 촛점을 맞추면 우리가 창조된 하늘을 잊어버릴 위험이 있기 때문에, 기술 발전만으로는 제공할 수 없는 조화를 세상에 제공해야 하는 임무를 종교는 가지고 있습니다.

2023. 9. 3. 몽골

🌿

종교 대화는 복음 선포와 모순되지 않습니다. 종교 대화는 차이를 평준화하는 것이 아니라 이해에 도움되며 독창성을 보존하고 풍요로운 생각을 성실하게 교환할 수 있습니다.

2023. 9. 3. 몽골

사랑만 우리의 갈증을 진정으로 해소해 줍니다.

2023. 9. 3. 몽골

선행을 하기 위해 부자가 될 필요는 없습니다. 다른 사람을 돌보기 위해 시간과 전문성, 마음을 기부하는 것은 거의 항상 평범한 사람들입니다.

2023. 9. 4. 몽골

교회가 중국 문화와 가치를 받아들이지 않으며 교회가 외세에 의존하고 있다고 중국인들은 생각해서는 안 됩니다.

2023. 9. 4. 몽골

제2차 바티칸 공의회가 끝난 후 교황 성바오로 6세

는 서구 교회가 공의회 차원을 잃어버렸다고 말했습니다.

2023. 9. 4. 몽골

🌿

아름다운 지중해 바다는 무덤을 가질 권리조차 박탈당한 거대한 공동묘지가 되었고, 인간의 존엄성이 이곳에 묻혀 있습니다.

2023. 9. 22. 프랑스

🌿

피난처를 찾는 사람들을 우리가 짊어져야 할 짐으로 여겨서는 안 됩니다. 그들을 형제자매로 본다면, 그들은 우리에게 선물로 보일 것입니다.

2023. 9. 23. 프랑스

🌿

가장 약한 이들을 형제자매로 맞이하여 희망으로

키울 때만, 우리는 자신을 지탱할 수 있습니다.

2023. 9. 23. 프랑스

🌿

돈이 인간 존엄성보다 우선하고, 삶이 죽음으로 바뀌는 것을 받아 들일 수 없습니다.

2023. 9. 23. 프랑스

🌿

복음을 언어로 장식하지 말고, 복음을 실천합시다.

2023. 9. 23. 프랑스

🌿

교회가 규칙으로 뭉친 집단이 아니라 절망한 이들을 위한 희망이 되기를 바랍니다.

2023. 9. 23. 프랑스

🌿

우리는 세상의 영광을 원하지 않으며, 세상 사람들의 눈에 예쁘게 보이려고 하는 것이 아닙니다. 하느님의 무한한 사랑을 모든 사람에게 더 잘 증거하기 위해, 복음의 위로로써 모든 사람에게 다가서기 원합니다.

2023. 10. 4. 바티칸

🌿

시노드(Synod)는 가톨릭교회에서 당면한 문제를 해결하기 위해 함께 모여 토론하고 결정하는 회의로, 한 곳에 함께 모여 같은 목표를 향해 공동의 노력으로 문제를 해결하는 '함께 하는 여정'이 곧 시노드입니다. 주요 임무는 자비로 인류를 바라보는 교회가 되기 위해 우리 시선을 하느님께 다시 향하자는 것입니다.

2023. 10. 4. 바티칸

🌿

아주 연로하신, 거의 문맹에 가까웠던 어떤 시골 할머니께서 여성 신학자처럼 말씀하셨습니다. 매우 온화하고 영적인 지혜가 넘치는 말씀이었습니다. 주님의 계시와도 같았던 그 순간을 저는 기쁘게 기억하고 있습니다.

2023. 10. 4. 바티칸

🌿

예수님을 찬미하고 초대하는 시선은, 세상을 향해 무기를 들고 뒤를 돌아보는 세관처럼 경직된 교회, 세상의 유행에 무릎 꿇는 미지근한 교회, 스스로 비굴하게 처신하는 피곤한 교회 같은 위험한 유혹에 우리가 빠지지 않도록 해줍니다.

2023. 10. 4. 바티칸

🌿

아시시 프란치스코 성인은 세속 권력과 영적 권력,

제도 교회와 이단들, 그리스도인과 이웃 종교인 사이에 커다란 갈등과 분열이 있었던 시기에 누구도 비판하거나 공격하지 않고 오직 복음의 무기, 즉 겸손과 일치, 기도와 이웃사랑이라는 무기만 사용했습니다.

2023. 10. 4. 바티칸

🌿

우리가 "하느님을 통제하고" 그분의 사랑을 우리 틀에 강요할 수 있다고 생각하는 위험이 언제나 있습니다.

2023. 10. 29. 바티칸

🌿

우리는 우상 숭배에 언제나 맞서 싸워야 합니다.

2023. 10. 29. 바티칸

세상의 도움 요청에 귀를 막는 종교적 경험이나 진정한 종교적 경험은 없습니다. 이웃을 돌보지 않는 하느님 사랑은 없습니다.

2023. 10. 29. 바티칸

아마도 우리는 교회를 개혁하고 싶은 멋진 생각을 많이 갖고 있을 것입니다. 그러나 하느님을 섬기고 그분의 사랑으로 형제자매를 사랑하는 것이 위대하고 영원한 교회 개혁이라는 사실을 기억합시다.

2023. 10. 29. 바티칸

믿음은 우선 이해할 수 있는 사상이나 실천해야 할 윤리가 아니라, 우리가 만나야 할 예수 그리스도라는 분이십니다.

2023. 11. 3. 바티칸

🌿

과부, 고아, 나그네들은 주님께 가장 가깝고 소중한 사람들입니다. 이들을 무시하면 하느님과 가까워지거나 충실할 수 없습니다.

2023. 11. 3. 바티칸

🌿

겸손은 다른 덕목 중 하나가 아니라 삶의 기본적인 태도입니다. 하느님을 온전히 신뢰함으로써 우리는 그분께 의지하고 있으며, 그분께 공간을 내어드린다는 사실을 믿는 일이 바로 그리스도인의 겸손입니다.

2023. 11. 3. 바티칸

🌿

예수님은 떠나시기 전에 우리에게 당신의 진정한 유산을 맡기셨습니다. 생명의 말씀인 성체성사 안에서 자신을 주셨고, 거룩하신 어머니를 우리 어머니로 주셨으며, 우리가 세상에서 그분의 일을 계속 할 수 있도록 성령의 은사를 나누어 주셨습니다.

2023. 11. 19. 바티칸

🌿

자신을 선물로 내어주신 예수님의 길과 이기주의의 길 중 어느 길을 삶에서 택하고 있습니까? 남에게 베풀고 자신에게도 베푸는 열린 손길입니까, 더 많이 가지면서 자신만 지키려는 닫힌 손길입니까?

2023. 11. 19. 바티칸

🌿

하늘에 계신 강력한 통치자, 권력과 세속적 성공과 소비 숭배와 연결된 이교도적인 하느님 개념을 마음속에 품고 크리스마스를 기념할 위험이 있습니다.

2023. 12. 24. 바티칸

2024

평화를 찾고 폭력과 증오의 소용돌이에서 벗어나 인간적인 시선을 지닌 마음을 되찾기 위해, 세상은 어머니와 여성에게 눈을 돌릴 필요가 있습니다.

2024. 1. 1. 바티칸

어린이의 시간과 필요를 어머니만큼 잘 아는 사람은 없습니다.

2024. 1. 1. 바티칸

🌿

지상의 좁은 울타리 안에 갇혀 산다면, 실패와 후회의 포로가 되어 고개 숙이고 걷는다면, 빛과 사랑을 찾는 대신 오늘 있지만 내일에는 없을 세상 재물과 안락에 굶주린다면, 우리 삶은 소멸되고 말 것입니다.

2024. 1. 6. 바티칸

🌿

각자 생각에 따라 우리 자신을 드러내는 대신, 하느님을 다시 중심에 두라는 부름을 우리는 교회에서 받았습니다.

2024. 1. 6. 바티칸

🌿

매일 마주치는 얼굴들, 특히 가장 가난한 사람들의 얼굴에서 사람이 되신 하느님을 생생하게 만나는 것이 중요합니다.

2024. 1. 6. 바티칸

🌿

"누가 내 이웃인가?" 그것은 올바른 질문이 아닙니다. "나는 이웃에게 향하고 있는가?" 이것이 올바른 질문입니다.

2024. 1. 25. 이탈리아

🌿

이 세상 모든 사람이 내 형제요 자매입니다.

2024. 1. 25. 이탈리아

🌿

우리에게 일어날 수 있는 최악의 상황은 마음을 잠들게 하고, 영혼을 마비시키고, 희망을 실망과 체념의 어두운 구석으로 밀어 넣는 '영혼의 잠'에 빠지는 것입니다.

2024. 2. 2. 바티칸

🌿

두려움, 편견, 거짓 종교성은 약자를 고통스럽게 하는 세 가지 "영혼의 질병"이며, 거대한 불의를 낳는 세 가지 원인입니다.

2024. 2. 11. 바티칸

🌿

우리는 도시의 거리에서 얼마나 많은 고통받는 사람들을 마주치고 있습니까! 자신을 그리스도인이라고 믿고 소개하는 사람들이 얼마나 많은 두려움과 편견과 모순된 행동으로써 고통받는 사람들에게 계속 상처를 입히고 있습니까!

2024. 2. 11. 바티칸

🌿

우리 자신이 예수님의 손길을 허용함으로써 우리 내면과 마음은 치유받습니다. 기도와 예배를 통해 그분이 우리를 만지도록 허용하고, 그분 말씀과 성사를 통해 그분이 우리 안에서 일하시도록 한다면, 그분의 손길은 우리를 진정으로 변화시킵니다. 그분은 우리를 죄에서 치유하고, 닫힌 마음에서 해방시킵니다.

2024. 2. 11. 바티칸

자선, 기도, 단식은 외적인 행동으로 축소될 수 없습니다. 자선, 기도, 단식은 그리스도인의 삶의 본질인 마음으로 우리를 이끄는 길입니다.

2024. 2. 14. 이탈리아

우리 내면의 골방으로 들어가 봅시다. 우리의 연약함이 받아들여지고, 우리가 무조건적으로 사랑받는 그곳에 주님이 계십니다.

2024. 2. 14. 이탈리아

온 마음을 다해 하느님께 되돌아갑시다.

2024. 2. 14. 이탈리아

우리 자신을 있는 그대로 인정합시다. 하느님의 사랑 받는 먼지인 우리는 하느님을 사랑하는 먼지로 부르심 받았습니다. 그분을 통해 우리는 죄의 잿더미에서 벗어나 예수 그리스도와 성령 안에서 새 생명으로 거듭날 것입니다.

2024. 2. 14. 이탈리아

많은 일로 바쁠 때, 우리 안에 계시고 우리를 인도하시는 성령에 대해 생각해 본 적이 있습니까? 저는 가끔 성령을 생각하지 않는 경우가 있는데, 그것은 나쁜 일입니다.

2024. 3. 8. 이탈리아

🌿

우리 동료를 적으로 바꾸어버리는 나쁜 습관이 있습니다. 우리는 자주 그렇게 하고 있습니다.

2024. 3. 8. 이탈리아

🌿

우리가 피하고 싶은 악을 행하려는 거부할 수 없는 매력을 느낍니다. 모든 사람의 문제입니다.

2024. 3. 8. 이탈리아

🌿

하느님의 용서를 교회의 중심에 다시 둡시다!

2024. 3. 8. 이탈리아

🌿

사제들의 위선을 조심하세요.

2024. 3. 28. 바티칸

🌿

교회도 희망이 필요합니다.

2024. 3. 29. 바티칸

🌿

아버지이신 하느님은 세상을 창조하시고, 아드님이신 하느님은 인간을 구원하시고, 성령이신 하느님은 우리 삶을 동행하십니다.

2024. 5. 26. 바티칸

🌿

한 가지 경우에만 사람을 내려다보는 것이 허용됩니다. 그 사람이 다시 일어설 수 있도록 돕는 경우입니다.

2024. 6. 2. 이탈리아

🌿

우리를 죄와 죽음에서 해방하신 그리스도의 고난

과 부활의 '파스카 축제'를 우리는 기념합니다.

2024. 6. 2. 이탈리아

🌿

하느님은 당신 교회를 해방시키시고, 사슬에 묶여 있는 당신 백성을 해방시키시고, 그들의 여정에 도움을 주시는 자비의 하느님이심을 다시 한번 증거하십니다.

2024. 6. 29. 바티칸

🌿

주님과 만남은 바울의 삶에서, 오늘날 교회에서 일부 움직임이 보여주는 것처럼 순전히 내면적이고 위안을 주는 종교성, 즉 사교 영성이 아니라, 복음 선포에 대한 열정을 불러일으켰습니다.

2024. 6. 29. 바티칸

슬픈 마음에 희망을 되찾아주고 여정의 고난을 견딜 수 있도록, 하느님은 예언자들을 당신의 백성에게 언제나 보내셨습니다.

2024. 7. 7. 이탈리아

우리가 예수님을 믿지 못하게 방해하는 장애물은 무엇일까요? 우리 자신에게 물어봅시다.

2024. 7. 7. 이탈리아

믿음의 도전이 우리에게 필요합니다. 지상에서 일어나는 일에는 신경 쓰지 않고 하늘만 쳐다보며, 하느님의 집에서 전례만 거행하고 우리 길거리에 쌓인 먼지는 잊어버리는 자기만족적이고 폐쇄적인 종교성은 우리에게 필요 없습니다.

2024. 7. 7. 이탈리아

🌿

사람이 되신 하느님에 뿌리를 둔 믿음, 그래서 몸의 믿음인 인간적인 믿음이라는 도전이 필요합니다. 역사 속으로 들어가 인간의 삶에 감동을 주고, 상처받은 마음을 치유하며, 희망의 누룩이 되고, 새로운 세상의 씨앗이 되는 믿음이 필요합니다.

2024. 7. 7. 이탈리아

🌿

인간의 이기적인 계산을 무너뜨리고, 악을 고발하며 불의를 지적하는 믿음이 우리에게 무엇보다도 필요합니다.

2024. 7. 7. 이탈리아

🌿

우리 도시의 삶의 어두운 구석에 하느님은 숨어 계신다고 생각해 본 적이 있습니까?

2024. 7. 7. 이탈리아

🌿

왜 우리는 이 세상의 불의에 무관심하고 냉담할까요?

2024. 7. 7. 이탈리아

🌿

건강하든 아프든, 위대하든 소박하든 모든 사람은 존엄성을 가지고 있습니다.

2024. 7. 7. 이탈리아

🌿

세 마을의 성당을 맡고 있는 어느 산골 신부를 저는 만났습니다. 그에게 "사람들의 이름을 외우고 있습니까?"라고 물었더니, "그 집 개 이름도 알고 있습니다"라고 대답하더군요.

2024. 7. 7. 이탈리아

🌿

정치는 가장 높은 형태의 이웃사랑입니다.

2024. 9. 4. 인도네시아

🌿

가톨릭교회는 종교 대화를 강화하려 합니다.

2024. 9. 4. 인도네시아

🌿

복음 선포는 자신의 신앙을 강요하거나 다른 사람의 신앙에 반대하는 것이 아니라, 항상 모든 사람을 존중하고 형제애를 가지고 그리스도와 만남의 기쁨을 전하고 나누는 것을 의미합니다.

2024. 9. 4. 인도네시아

🌿

때때로 우리는 종교의 만남이 서로 다른 교리와 종교적 신념 사이의 공통점을 찾는 문제라고 생각합니다. 하지만 실제로 각 종교의 교리가 다르기 때문에 이러한 접근 방식은 우리를 분열시킬 수 있습니다. 우리를 진정으로 가깝게 만드는 것은 차이점을 연결하고 우정, 관심, 호혜의 유대감을 키우는 것입니다.

2024. 9. 5. 인도네시아

사랑이 없으면 우리는 아무것도 아닙니다.

2024. 9. 12. 싱가포르

하느님이 보시기에 가장 아름다운 건물, 가장 가치 있는 보물, 가장 잘한 투자는 무엇일까요? 우리 인간 모두입니다.

2024. 9. 12. 싱가포르

🌿

우리 자신의 공로 때문에 우리가 세상에 복음을 전하도록 보내진 것이 아니라 하느님의 은혜와 자비, 신뢰 때문에 보내졌습니다.

2024. 9. 29. 벨기에

🌿

악은 알려져야 하고, 악을 저지른 자들은 심판받아야 합니다.

2024. 9. 29. 벨기에

🌿

자선을 베풀 때 가난한 사람의 손을 잡아주나요, 그냥 팽개치고 외면하나요? 고통받는 사람들의 눈을 바라보나요?

2024. 9. 29. 벨기에

모든 것이 선으로 연결되어 있듯이, 모든 것이 악으로 연결되어 있습니다.

2024. 10. 1. 바티칸

일치는 갈등보다 더 큰 가치가 있습니다.

2024. 10. 5. 바티칸

그리스도인들이 그리스도와 가까워질수록 그리스도인 서로에게 더 가까워집니다.

2024. 10. 11. 이탈리아

그리스도인의 일치와 공동성은 서로 연결되어 있습니다.

2024. 10. 11. 이탈리아

🌿

그리스도인의 일치는 다양한 은사의 조화입니다.

2024. 10. 11. 이탈리아

🌿

종교일치 운동은 서로 분열하거나 반대하는 것이 아니라 다른 사람들과 함께 증거하려는 열망에서 탄생했습니다.

2024. 10. 11. 이탈리아

🌿

지배하는 사람이 승리하는 것이 아니라, 사랑으로 봉사하는 사람이 승리합니다.

2024. 10. 20. 바티칸

🌿

하느님은 언제나 가난한 자의 부르짖음을 들으십니다. 하느님께 들리지 않는 고통의 외침은 없습니다.

2024. 10. 27. 바티칸

🌿

현실을 깨닫지 못한 채 현실의 주변부로 물러서는 교회는 맹목적인 교회로 남아서 자신의 오류에 머물 위험이 있습니다.

2024. 10. 27. 바티칸

🌿

기억하다 동사는 '무엇을 다시 심장에 넣다'라는 뜻입니다.

2024. 11. 4. 바티칸

🌿

예수님은 당신 옆에서 십자가에 못 박힌 사람들을 기억하십니다.

2024. 11. 4. 바티칸

🌿

20세기 어느 신학자는 그리스도교 신앙은 세상으로부터 도피하는 영성이 아니고, 세상의 고통과 가난한 사람들의 불행에 눈 뜨고, 그리스도와 같은 연민을 실천할 수 있도록 "열린 눈의 신비주의"를 만들어야 한다고 말했습니다.

2024. 11. 17. 바티칸

🌿

마르티니 추기경의 경고를 저는 기억하고 싶습니다. 교회가 먼저 있었고, 그 다음에 우리가 돌보아야 할 가난한 사람들이 있다고 생각하지 않아야 합니다. 가난한 이들을 섬기면서 예수님의 교회가 생기며, 가난한 이들을 섬겨야만 교회가 비로소 교회되어가기 때문입니다.

2024. 11. 17. 바티칸

🌿

헛된 약속으로 여러분을 유혹하고 실제로 여러분을 도구화하고 통제하여 자신의 이익을 위해 여러분을 이용하려는 사람들에게 속지 마세요.

2024. 11. 24. 바티칸

🌿

소셜 네트워크나 다른 어떤 상황에서도 "하루살이 별"이 되지 마십시오. 여러분이 빛나도록 부름받은 하늘 나라는 그보다 더 큽니다.

2024. 11. 24. 바티칸

🌿

사랑은 돈으로 살 수 없고 돈으로 팔 수 없습니다. 사랑은 공짜이며 자신을 내어주는 선물입니다.

2024. 11. 24. 바티칸

🌿

역사는 폭군과 교만한 자에 의해 결정된다는 말은 사실이 아닙니다. 우리를 괴롭히는 많은 악은 악에 속은 사람들의 작품이지만, 결국 모든 것은 하느님의 심판 대상이 됩니다.

2024. 11. 24. 바티칸

🌿

여성 없이 구원은 없습니다.

2024. 12. 8. 바티칸

🌿

마음이 차갑고 공허하며 닫혀 있다면 은행의 돈, 가정의 안락함, 가상 세계의 가짜 연락처가 무슨 소용 있을까요?

2024. 12. 8. 바티칸

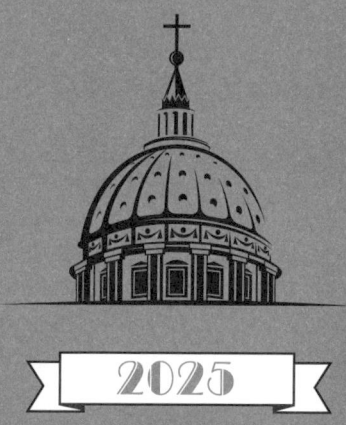

🌿

하느님은 배타적인 모임이나 특권층 소수에게 당신을 드러내지 않으십니다.

2025. 1. 6. 바티칸

🌿

우리는 절망의 순간에도 혼자가 아니며, 희망을 이어갈 수 있습니다.

2025. 1. 25. 이탈리아

🌿

희망은 결코 실망시키지 않습니다.

2025. 1. 25. 이탈리아

🌿

성경 읽는 습관을 더 길러야 합니다.

2025. 1. 26. 바티칸

🌿

가난한 사람들에게 기쁜 소식을, 갇힌 사람들에게 석방을, 눈먼 사람들에게 시력을, 억눌린 자에게 자유를 선포하기 위해 우리 모두 노력합시다.

2025. 1. 26. 바티칸

🌿

예술가의 임무는 아름다움을 창조할 뿐만 아니라 역사의 굴곡 속에 숨겨진 진실과 선함, 아름다움을 드러내고, 목소리 없는 사람들에게 목소리를 주며 고통을 희망으로 바꾸는 것입니다.

2025. 2. 16. 바티칸

🌿

경제적·사회적 위기, 무엇보다도 영혼의 위기, 의미의 위기라는 복잡한 위기의 시대에 우리는 살고 있습니다.

2025. 2. 16. 바티칸

🌿

예술가는 인류가 방향을 잃지 않고, 희망의 전망을 잃지 않도록 돕는 사람입니다.

2025. 2. 16. 바티칸

🌿

진정한 희망은 인간 존재의 비극과 연결됩니다. 희망은 편안한 피난처가 아니라 하느님의 말씀처럼 타오르고 빛나는 불입니다.

2025. 2. 16. 바티칸

🌿

예술은 사치가 아니라 영혼을 위한 필수품입니다. 예술은 도피처가 아니라 책임이며 행동에 대한 초대, 부름, 외침입니다.

2025. 2. 16. 바티칸

🌿

서품받은 사람은 올라가는 것이 아니라 내려갑니다. 스스로 작게 만들고, 허리 굽히고, 옷을 벗습니다.

2025. 2. 23. 바티칸

🌿

우리 필요를 채우기 위해서만 사는 것이 아니라 사랑과 진리에 목마르며, 오직 하느님의 사랑과 서로에 대한 사랑만이 우리를 진정으로 만족시키고 더 나은 미래를 희망할 수 있다는 사실을 우리는 단식을 통해 배웁니다.

2025. 3. 25. 바티칸

자매 형제 여러분, 부활 믿음의 경이로움 안에서, 평화와 해방에 대한 모든 기대를 마음에 품고, 우리는 고백할 수 있습니다. "주님과 함께라면, 모든 것이 새로워집니다. 주님과 함께라면, 모든 것이 다시 시작됩니다."

2025. 4. 20. 부활절, 바티칸

에필로그

하느님의 희망은 인간

 프란치스코 교황님 말씀처럼, 인간은 하느님의 희망이다. 인간이 하느님을 찾기 전에 하느님은 인간을 찾으셨다. 하느님이 창조하신 피조물 가운데 인간이 가장 아름답다. 피조물 가운데 인간이 하느님에 가장 가까운 존재다.

 하느님께서 로메로 대주교와 함께 엘살바도르를 다녀가셨다고 내 스승 소브리노 신부는 말했었다. 나는 하느님께서 프란치스코 교황과 함께 지구별을 다녀가셨다고 말하고 싶다.

 그 옛날 동방박사들은 별을 따라 걸으며 아기 예수

를 찾았다. 프란치스코 교황을 따라 걸으며, 나는 예수를 찾아 나선다. 프란치스코 교황과 같은 시대를 호흡한다는 사실이 너무나 감사하고 행복하다.

2014년 방한 일정을 마치고 떠나는 프란치스코 교황님을 8월 18일 아침 주한 교황청대사관에서 알현했다. 내가 쓴 『교황과 나』 책을 헌정하고, 스페인어로 잠시 대화했다. 교황님은 내게 열심히 책 쓰라고 격려 말씀을 해주셨다.

그후 십여 년 지났다. 내가 무엇을 해야 하는지 고뇌했다. 예수를 연구하고 신약성서를 연구해야 한다. 내가 쓴 책은 어느덧 12권을 넘어섰다. 교황님의 기도 덕택이다.

프란치스코 교황님의 설교를 가톨릭 신자뿐만 아니라 개신교 성도와 독자에게도 기쁘게 소개하고 싶었다. 예수 그리스도의 매력을 느끼고 이를 전달하기 위해 애썼던 복음서 저자들이 문득 떠올랐다.

2013년 3월부터 12년 넘게 이어진 교황의 설교는 600편이 넘는다. 해외 방문을 마치고 로마로 돌아가는 기내 회견 내용도 빼놓지 않고 살폈다. 독자들이 읽기 쉽고 이해하기 쉽도록 시간 순서로 발췌하고 편집했다.

교황의 설교 의도를 정확하게 전하고 싶어서, 독일어, 스페인어, 영어로 번역된 설교 본문을 여러 번 읽고 대조하고 검토하였다.

촛불집회에서 뜻을 나눈 〈민주사회를 위한 지식인 종교인 네트워크〉 고문 이만열 교수님, 이명재 고문님, 조성민 교수님, 공동대표 박충구 교수님과 김영 교수님, 백승종 교수님, 정종훈 교수님, 유정현 목사님, 김규돈 신부님을 비롯한 스승님과 동지들께 감사드린다. 시민언론 「뉴탐사」, 시민언론 「민들레」, 「양희삼TV」 기자, 독자 시청자께 감사드린다. 존경하는 이종걸 의원님, 정락경 선생님 내외분, 최동석 교수님, 박현용 교수님, 김순홍 교수님, 주진오 교수님, 김상봉 교수님, 김동완 교수님, 이정만 목사님, 최갑성 목사님, 국산 목사님, 정안석 목사님, 김종일 목사님, 백은경 목사님, 송선호 목사님, 양희삼 목사님, 방상복 신부님, 오상선 신부님, 최민석 신부님, 윤순자 선생님, 백남이 시인님, 오미선 선생님, 노선희 선생님, 허명희 선생님, 미국 박진오 오옥경 부부, 목포 이경용 문선희 부부께 감사드린다. 좋은 책을 만들어주신 도서출판 동연 김영호 대표님, 박현주 편집장님께 감사드린다.

언제나 기도로 동행하는 제주 성글라라 수녀원, 남양주 성요셉수도원 가족들께 감사드린다. 사랑하는 어머님과 형제자매, 딸 김호수, 아들 김준한, 아내 김지숙에게 감사드린다.

기도와 모범으로 저와 제 가족을 동행하시는 큰 처형 김지혜(미리암) 수녀, 둘째 처형 김지연(로사) 수녀님께 존경과 감사의 마음으로 이 책을 드린다.

제주에서
김근수

프란치스코 교황 어록

2025년 5월 14일 처음 펴냄

엮은이	김근수
펴낸이	김영호
펴낸곳	도서출판 동연
등 록	제1-1383호(1992년 6월 12일)
주 소	서울시 마포구 월드컵로 163-3
전 화	02-335-2630
팩 스	02-335-2640
이메일	yh4321@gmail.com
인스타그램	instagram.com/dongyeon_press

Copyright ⓒ 김근수, 2025

이 책은 저작권법에 따라 보호받는 저작물이므로,
무단 전재와 복제를 금합니다.
잘못된 책은 바꾸어 드립니다. 책값은 뒤표지에 있습니다.

ISBN 978-89-6447-098-5 03040